「食品ロス」をなくしたら 1か月5,000円の得!

「食品ロス」問題ジャーナリスト
井出留美 Ide Rumi

マガジンハウス

「食品ロス」は、スーパーだけでなく あなたの家の冷蔵庫でも、起こっています

本当は食べられるのに、捨てられる食べ物のことを「食品ロス」と言います。

お店で売れ残った恵方巻やクリスマスケーキが捨てられるニュースで、知っている方も多いはずです。スーパーなどで販売期限がくると廃棄されるおにぎりやお弁当、売れ残った野菜や果物、レストランや飲食店の食べ残しなどなど。

こうした「食品ロス」は、日本で1年間に643万トンにもなります（2016年度、農林水産省・環境省）。これは、東京都民が一年に食べる食品と同じ量で、しかも世界の食料援助量の2倍近くにもなる、すごい数字です。

そのため、2019年5月24日の国会で「食品ロス削減推進法」が成立しました。

643万トンの「食品ロス」のうち、半分強の352万トンは、スーパーやお店などの企業が捨てています。

そして、**半分弱291万トンは、実は、私たちの家庭で捨てられています。**

卵の賞味期限が1日過ぎたから、まぁいいや、捨てちゃえ。

イチゴがちょっと傷んでいたから、まぁいいや、捨てちゃえ。

シチューが食べきれなかったから、まぁいいや、捨てちゃえ。

家庭の「食品ロス」は、私たちの「まぁいいや、捨てちゃえ」の積み重ねで生まれています。


そんな私たちの家の「食品ロス」を映す鏡は、冷蔵庫です。

冷蔵庫がギュウギュウに詰まっていると、消費期限切れにも気づきません。

野菜室のどこかで、野菜や果物がいつしか傷んでいるかもしれません。

冷凍庫の奥に、買い過ぎたお肉が何年も眠っている可能性さえあります。

冷蔵庫を見直すだけで、私たちの家から「食品ロス」が減らせるのです。

もったいない「食品ロス」が減れば、あなたの家計が助かります。

もったいない「食品ロス」が減れば、ごみも減らせて、私たちが暮らす環境もよくなります。

もったいない「食品ロス」が減れば、たった一つしかない地球を救えます。

「食品ロス」を減らすことは、他人事ではありません。

地球に住む誰にとっても、大切なことなのです。

暮らしを豊かにしたい、と思ったら「ものや、食べ物を、買い過ぎない」

「食品ロス」を減らす方法は、実はとてもシンプルです。

1 余分なものを、買わない。
2 買ったら、使い切る。
3 今まで食べないで、捨てていたものも、捨てない。
4 上手に、保存する。

この4つを身につければ、あなたの暮らしに変化が訪れます。

余分なものを買うのをやめるだけで、毎日に、余裕が生まれます。テレビやSNSで話題の食材や新製品といった、なくても困らない「余分なもの」に振り回される暮らしから、そうしたものに振り回されない暮らしに変わります。振り回されるものが少なくなれば、「まぁいいや、捨てちゃえ」も激減して、心も身体もラクになります。そう、ものが多過ぎるから、疲れるのです。

余分なものを買うのをやめるだけでも、家計が助かり、暮らしが豊かになります。

こんな簡単なことを、今すぐ始めない理由は、ひとつもありません。

さらに、三つを行えば、暮らしはもっと楽になります。

「買ったら、使い切る」工夫で、無駄なストックや賞味期限切れも減らせます。

「今まで食べないで、捨てていたものも、捨てない」料理をすれば、食材費も浮きます。

「上手に、保存」するだけで、傷んで無駄に捨てることもなくなります。

保存の際、「賞味期限」を正しく知っておくと、さらに無駄がなくなります。

実は、賞味期限は、その食べ物の品質が切れる日付ではなく、（あくまで）美味しく食べられる目安だということです。

今から始めることは、たった一つ。今までの「まぁいいや、捨てちゃえ」の発想を、「もったいない」という意識に変えるだけです。

この本には、日頃から「食品ロス」問題に取り組む私が集めた「もったいない」を、誰でも手軽に、いつでも始められる65のワザを集めています。

まずは、この本を、パラパラっとめくって目に付いた、どれか一つを、やってみてください。

チリも積もれば山となるように、できることからコツコツ無理なく続けるだけでOKです。

1年間に6万円！これからも毎年、捨て続けますか？

「食品ロス」が減れば、家計が助かります。

しかも「食品ロス」として無駄になっている金額は、一世帯で1年間、6万円以上になると言われています。

この6万円以上という数字は、家庭ごみを出さないことで有名な京都市の調査結果です。

なので、あなたの家の「食品ロス」は、6万円よりもっと多いかもしれません。


1か月にすれば、5000円以上得をする可能性がある……。

ちょっとした工夫で5000円浮くのであれば、やらない手はありませんよね？

買い物は、空腹時ではなく、食後に行くだけで、640円分無駄買いが防げます。

卵は、賞味期限が来ても、その意味を理解していれば、1個20円が無駄になりません。

ペットボトル飲料は、口をつけずに飲むだけで雑菌が増えず、100円の倹約になります。

この本では、ひとつ数十円得するものから、数万円得するものまで紹介しています。

「もったいない」を実践する場面は、買い物でも、家での保存でも、調理でも、外食の際でも、たくさんあります。


どんな節約術や貯蓄法より、「食品ロス」を減らす方が、家計に役立ちます。


私が「食品ロス」を減らすきっかけは、収入ゼロになった経験からでした。

東日本大震災が起きた２０１１年3月11日を機に、私は、ある外資系の食品会社の広報室長を辞め、収入ゼロになりました。


その日から、スーパーの見切り品を、前にも増して、積極的に買うようになりました。

まさに、この本で紹介している知恵を、日常生活でいろいろ試すようになりました。

外資系の食品会社にいた時から「食品ロス」に取り組んできましたが、仕事としてだけでなく、自分の家でも「食品ロス」減らしに真剣に取り組むようになったのです。

そんな生活をしたら、会社を辞めたにもかかわらず、逆にジワジワと貯金が増えました。

本書で紹介する「食品ロス」を減らす65のワザなら、お金はすぐに、正しく貯まります。

そして、地球のため、未来のためにも、「食品ロス」を減らさない理由はありません。

お金が貯まる喜びと、気持ちのすがすがしさを、皆さんも、この本で味わってください！

「食品ロス」をなくしたら1か月5000円の得！　もくじ

余分なものを買わないワザ

買ったものを全部使い切るワザ

捨てていたものも「食品ロス」にしないアイデア

安くて、賢く「食品ロス」も出さない買い物テク

上手に保存して使い切るワザ

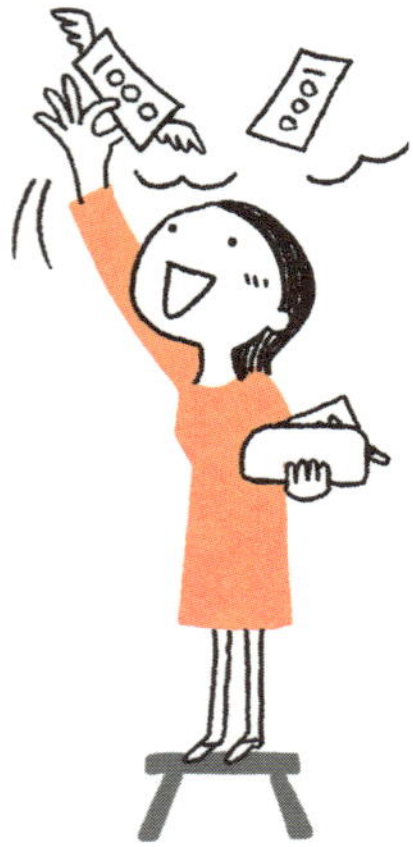

月5000円の無駄カットをさらに増やすテク

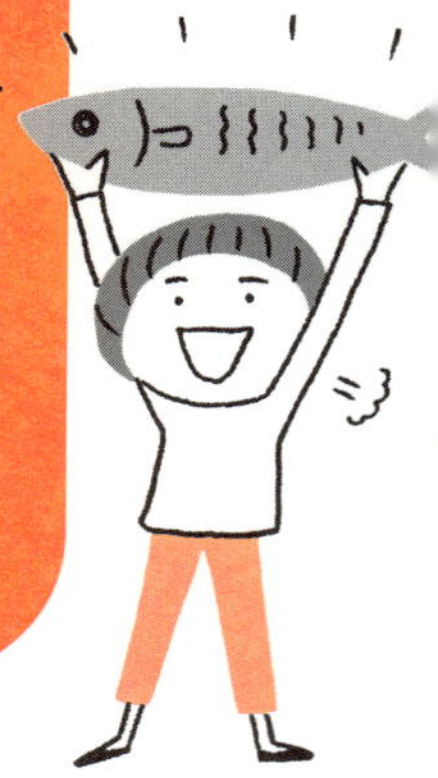

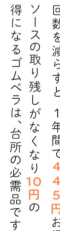

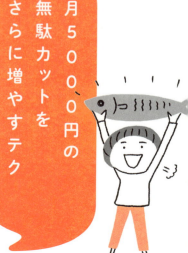

カフェ&ランチ&飲み会「食品ロス」を減らしてお得に食事できるワザ

余分なものを買わないワザ

特売だから……、
2個セットでお得だから……、
新製品だから……。
楽しい買い物には、
あれこれ誘惑もいっぱいです。
余分なものを買うのをやめるだけで、
スッキリ暮らせるのは、百も承知。
それでも、買ってしまいますよね。
そんな人にこそ、読んでもらいたい、
ものに振り回されない
賢いショッピング術です。

買い物は、メモを作って、まとめて買うと1週間分で、500円以上も、お得です！

買い物に行く前に、メモを作っていく。

というワザは、節約術の本など、さまざまなところで薦められていますよね。

何も決めずに買い物に行くと、当然〝ついで買い〟が増えます。

賢いやり繰りは、1週間くらいの献立を考えて買うこと。そうすれば、無駄な「食品ロス」がなくなります。

生協の配達サービスなど、あらかじめ決めて注文するのも、同じ効果があります。

おすすめは、日曜日のメモ作りです。Ａ４の裏紙を使い、紙の長い方を5つに折って、縦に、月曜から金曜までの、だいたいの献立を決めましょう。

ポイントは、3つあります。

1 時間がなさそうな曜日は、簡単メニューにする。

2 冷蔵庫や戸棚の食べ物を見て、それを使い切るメニューを入れる。

3 肉と魚は、交互にメニューに取り入れる。

一つ目のポイント。時間がなさそうな日は、簡単メニューなので、たとえば、「焼きそば」にします。買うものは、モヤシとニラのパック売りと、上海焼きそばの麺&ソースセットです。

ポイント2。あらかじめ、冷蔵庫に何が入っているか、日持ちしそうかチェックしてから献立を考えます。ハクサイや、豆腐の使いかけがあれば、鍋料理にするとか。パクチーが余っていたら、豚しゃぶのタレの薬味に使うとか、生春巻きの具にするなどです。

ポイント3。肉ばかり、魚ばかりに偏らないよう、一日おきに、交互に献立を立てます。もちろん、キッチリでなくていいので、参考程度。肉は、栄養価が高くて安価な、豚肉が多くなります。魚は、その日に買った方がいいお刺身なら、当日に買うようにします。

メモを作れば、ヨーグルトや牛乳を無駄に買うこともなくなるので、500円以上違います。そして時には、数千円のこともあったりします……。

大事なのは、厳しくし過ぎず、「ゆるく」すること。

無理をすると、辛くなり、無駄なモノを買いがちなので、本末転倒になってしまいます。

楽しい買い物は、無駄のない献立作りから

500円

お得！

ひき肉は、使う時だけ買えば約100円の倹約になります

お肉で一番買うのが多いのは、何ですか？

多くの家では、豚肉が多いかもしれません。牛肉は、高いですよね。

鶏肉も良いのですが、メニューや栄養価を考えると、豚肉が多くなります。

たとえば、豚肉の生姜焼き、豚肉とニラ、モヤシを使った焼きそば、豚肉のロースの味噌漬け焼き、豚肉のかたまりが半額になっている時は、焼き豚や、煮豚を作ったりします。

肉は、空気に触れる面が大きいほど、傷みやすく「食品ロス」になりがちです。

ひき肉は、肉のかたまりに比べて、空気に触れる面が多いので、さらに傷みやすくなります。

300円くらいの大パックの鶏のひき肉、お得なので買いがちですよね。

でも、使った残りを冷凍しておいても、結局、解凍が面倒臭い、解凍しても美味しくないなどで、半分捨ててしまったこと、ありませんか？

そうならないためにも、**最初から、使う分だけを買った方がお得です。**

300円の鶏のひき肉の3分の1を「食品ロス」にしないだけで、100円得になりま

す。

私の大好きな、京都市の飲食店、ステーキ丼一日１００食限定の佰食屋《ひゃくしょくや》では、国産牛肉をかたまりで仕入れて、半端な部分は「ミンサー」という機械で、ひき肉にします。その方が、ひき肉で買うよりもお得で、捨てる部分が少なくなるそうです。

もちろん、このひき肉で作ったハンバーグは絶品！

お店の人気メニューです。

本当は、お家で作る時も、かたまりのお肉からひき肉を作った方が美味しいのかもしれませんね。

ちなみに、料理研究家の山本麗子先生の麻婆豆腐レシピは、ひき肉は使わず、かたまりの肉をたたいて作ります。

その方が、確かに美味しいと思います。

ひき肉は、無駄にさせがちな食材です！

買い物は、食後に行くだけで無駄買いが、６４０円減ります

飲みに行く前は、空きっ腹で行かない方が、悪酔いしないそうです。

たとえばカフェオレやチーズなど、たんぱく質を摂っておくと悪酔いしません。

これは、胃に膜ができるからではなく、肝臓でのアルコール代謝が進むからのようです。

学生時代、栄養学の教授から教わった「酒を飲むなら、たんぱく質！」という言葉を、今でも印象深く覚えています（逆に言えば、その授業では、それしか覚えていません……）。

ちょっとお腹に何か入れておくといいのは、飲みに行く前だけじゃなく、買い物へ行く時も同じです。

お腹が空いている時の買い物、危険ですよね（笑）。

ついつい、どれも美味しそうに見えて、買い過ぎてしまいませんか？

そう思っていたら、なんとアメリカの研究者が、実験をしていました。

ミネソタ大学のアリソン・ジンシューさんが、３７９名を対象に、空腹の人と、そうでない人とで、買い物の金額を比較したのです。

その結果、**空腹の人は、そうでない人に比べ、多く買い物をすることがわかりました。**

空腹の時こそ、買い過ぎ注意です

お金を使う額は、最大で64％も多い、というから驚きです。

アリソンさんの説明では、空腹時に胃の中で産生される「グレリン」というホルモンが脳に影響しているのだとか。「空腹を満たしたい」という欲求が、「モノを入手しよう」とする行動に繋がるためだそうです。

ということは単純計算で、空腹でない時に１０００円で済んでいる買い物が、空腹の時だと最大で１６４０円になってしまうのです……。逆に言えば、空腹を避けて買い物に行けば、６４０円分、無駄な買い物を防ぐことになります。

もちろん、買い物の前に必ず何かを食べていたら、太ってしまいますよね。

そんな時は、飴玉をなめたり、お茶を飲んだりするだけでも、少し落ち着きます。

満腹の時の買い物は、「食品ロス」を減らす近道、というワケです。

640
円
お得！

キャベツは、「1週間で食べきれる」大きさで買うと、無駄が出ず98円お得です

ある講座で、一人暮らしの70代女性から質問を受けました。

「キャベツを丸ごと買うんだけど、夏だと余って捨ててしまう。どうしたらいい？」

この問いに、私は「今は、2分の1や4分の1の大きさのキャベツが売られているから、そちらを買ったらどうですか？」と答えました。

でも、この女性は、あまり納得されなかったようでした……。

「でも、丸ごと買った方が、割安だから……」

そんなやり取りをしたことを、今でも時折思い出します。

私も、これまで何度も野菜の「食品ロス」を経験してきました。

その反省もあって、**野菜は、必要な分だけ買うようにしています。**

たとえば、ニンジンが3本まとめて売っていても、1本だけ必要なら1本買う。

キャベツも、2分の1か4分の1を買う。青菜も、ハーフサイズなどがあるので、1把使いきれる自信がなければ、小分けを選びます。

もちろん、完璧な保存術や冷蔵庫の整理をできる人なら、たくさんまとめて買うのもあ

りでしょう。

でも、私は、面倒臭がりで、ズボラです……。下ごしらえをして、キッチリ密閉容器に分けて、冷蔵庫の中も整理整頓して……ということはまず無理です。

なので、使える分だけ、買うようになりました。これなら、あとでダメにして捨てる「食品ロス」の罪悪感を味わうこともありません。

野菜を捨てる「食品ロス」は、結局、その分のお金を捨てているのです。

そう考えると、最初から、余分に買わなければいいのだと気づきます。

キャベツ1玉198円を買って、半分使い切れずに捨てるくらいなら、最初から2分の1サイズの100円を買いましょう。

そうすれば、98円お得です。

あなたの家の「ちょうどいいサイズ」を決めましょう

缶詰は、特売品の方が１００円安いうえ味がなじんでいて、美味しいのです

缶詰を特集した番組を、テレビで見たことがあります。

以前、ＮＨＫで放映された缶詰の特集番組では、製造から70年以上もたつ、赤飯の缶詰が開封されていました。中身の検査でも、菌は検出されなかったそうです。

また別の番組では、ツナ缶の製造工場に勤める人が、印象的な話をしていました。それは、「作ってから半年たって、初めて味がしみてくる」とか、「賞味期限が切れるくらいのものを、わざわざ選んで買う」という話でした。

特売で１００円程度で売られている缶詰は、実は、賞味期限までだいぶ余裕があります。

しかも、缶詰の賞味期限は、缶の品質の保持期限が3年とされているだけで、缶詰の中身は、理論上は、半永久的に持つと言われています。

4年ほど前の話ですが、「１９９１年製のカレーの缶詰を開ける」という機会に立ち会いました。作ってから20年以上もたった、業務用の大きなカレーの缶詰で、スタッフの方たちも、怖くて開けられなかったのだそうです。

缶詰は、いつでも家計の味方です

100円 お得！

「井出さんが来るのを、待っていました」と、開けてみたら、ちゃーんとカレーの香りが！

悪くなっている臭いもありません（缶の底には錆びついた部分がありましたが……）。

こんな話を読むと、今この瞬間に地震や自然災害が起きて、缶詰しかなくても、安心ですね。少々賞味期限が切れていても、缶詰は安心して食べられるなら、粗末にする理由がなくなります。

3年以上の保存期間を持つ、パンの缶詰もあります。

栃木県那須塩原市、パン・アキモトが作っているパンの缶詰の賞味期限は、何と37か月間。しかも、このパンの缶詰、賞味期間が残り7か月になった時点で、今まで保管していたものを引き取るサービスまであります。もちろん、新たな購入が対象ですが、引き取られたパンの缶詰は、国内の被災地や、世界の内戦・紛争地域などに寄付するのだとか。義援先では、缶も容器として使われていて、子どもたちの笑顔の写真が印象的です。

ビジネスと社会貢献が結びついている、素敵な話ですね。

傷みやすいモヤシは、食べる日に買う「買い置きゼロ」で、20円を倹約できます

モヤシ、買ったら、どこで保存していますか？

冷蔵庫の「野菜室」と答える人が、多いのではないでしょうか？

なんと、正解はバツなのです。

「もやし生産者協会」の公式サイトによれば、野菜室よりも温度の低いチルド室、もしくは冷蔵室がお勧めなのだとか。

モヤシは、ちょっと放っておくと、すぐ茶色くダメになってしまいます。

でも、食べるその日に買えば、傷んで「食品ロス」として捨てることはありません。

1袋が20円ほどと、家計を助ける野菜の優等生ですが、傷みやすいので一袋を無駄にしがちです。

たかが20円、されど20円。チリも積もれば……です。

買い物へ頻繁に行けない場合は、電子レンジにかけたり、湯通ししたりすると日持ちします。生のまま、密閉容器に水を張って入れて、つけておくのもお勧めです。

もっと長く保存したい場合は、袋に穴を開けて、冷凍します。

モヤシの買い置きは、「食品ロス」に直結します

20円 お得！

モヤシは、日持ちがしないのは難点ですが、安価な反面、ビタミンやミネラル（カルシウムやカリウム）が含まれており、料理のカサも増やしてくれるので便利です。食感も、シャキシャキとして美味しいですよね。

先ほども紹介した、もやし生産者協会によれば、平安時代に書かれた、日本で最も古い薬草の本『本草和名《ほんぞうわみょう》』に「毛也之（モヤシ）」として書かれており、薬草として使われていた可能性もあるそうです。

最後に、お気に入りモヤシレシピをご紹介しましょう。

一つ目は、「食品ロス」にさせがちな焼肉のタレで作る、モヤシと豚肉の炒めものです。焼肉のタレの味が濃いので、淡白なモヤシと合い、モヤシもタレも余らせずに使い切れます。

二つ目は、モヤシ炒めの卵とじ。卵が余っている時に作ります。

三つ目は、モヤシナムル。さっと湯通ししてからしょうゆ、ごま油、酢などのタレに漬け込みます。当日食べなくても、翌日の夕食の一品にもなりますよ。

賢い倹約家は、自分の冷蔵庫を持たず年間で数万円を浮かせています

「ミニマリスト」と言われる、必要最小限のもので暮らす人たち。

実は、ミニマリストの中には、冷蔵庫を持たない人が数多くいます。

料理レシピ本大賞を2018年に受賞した、稲垣えみ子さんも、冷蔵庫を持たない人のひとりです。

稲垣さんは、朝日新聞社を退職して、それまでの生活を改め、冷蔵庫なし、ガスコンロ1口の生活に突入しました。

ご飯と汁物、漬物を基本に作るごはんは、なんと一食200円。

稲垣さんは、いろんなメディアに登場し、ためになる話をされていますが、私の印象に残ったいちばんの言葉は「冷蔵庫が私の人生を腐らせていた」というものです。

もともと冷蔵庫は、ものを腐らせないためのものだったのに、なぜか今では、食べ物を腐らせる格好の道具になってしまっている。

稲垣さんの指摘は、示唆に富んでいます。

何とも、皮肉な限りですね……。

確かに、冷蔵庫は、それ自体が高額な商品です。

しかも、冷蔵庫は家庭で使われる電気の量の15%近くを占めるそうです。

つまり、冷蔵庫を持たない生活は、年間で数万円の節約になる……。

とはいえ、これを読んで「そうだね。じゃあ、冷蔵庫を処分しよう」と即決できる人もそう多くはないはず。

そこで、考えた標語があります。

「スーパーは　みんなで使う　冷蔵庫」

自分の家に食べ物を溜め込むのではなく、なるだけ必要最小限だけ買う。スーパーを、自分のもうひとつの冷蔵庫だと思うのはいかがでしょう?

ミニマリストに見習うところ、たくさんありますよ。


「冷蔵庫がない生活」は、節約のお手本です

数万円

お得!

新製品は、1週間に一度だけ買う日を決めれば、衝動買いが減って、200円倹約できます

新製品の食品って、どんなイメージですか？

ワクワク感とか、心躍る、お店に行くのが楽しみ、そんな印象でしょうか？

私も、新製品を試すのは、大好きです！

「新」という文字を見ると、ついつい買ってしまいたくなりますよね……。

実は、新製品は、毎日のように、発売されています。

企業は、私たちの心理を読んで、次から次へと新商品を出しています。

私は以前、食品メーカーに勤めていたので、そのあたりの事情を理解しているつもりです。

新しい商品は、コンビニやスーパーなどへの商談の時に、採用されやすくなります。数あるライバルの商品が並ぶ棚に、置いてもらいやすくなります。

とはいえ、本格的な新商品の開発には、巨額のお金がかかります。

そのため、フレーバー（味）を変えたり、容器やロゴのデザインを変えたり、何かと新

しい要素を盛り込んだ、ちょっとだけ変わった「改訂品」というのも、毎日のように、メーカーから出ています。

そうなのです。毎回毎回「新製品」みたいなものを衝動買いしていては、お金がいくらあっても足りなくなってしまいます……。

缶ビールだったら、1缶200円。ちょっと高めのチョコレートだったら、1個200円。高級アイスクリームだったら1個200円。

目につく「新製品」を、手当たり次第買っていたら、買い置きしていたストック品も、「食品ロス」になってしまいます。

とはいえ、新しいものを試すのは、ワクワクしますよね！

だから「新製品を買うのは、1週間に一度だけ」と決めたらどうでしょう？

新しいものを買って試す楽しさも味わいつつ、ゆるくルールを決めて買い物すれば、買い過ぎや、「食品ロス」はなくなるのではないでしょうか。

衝動買いは、無駄遣いのみなもとです

200円

お得！

調味料は、「いいもの」を1本だけ買いきちんと使い切るだけで、200円お得！

〝安いから〟という理由で、業務用のしょうゆを買った友人がいました。

1瓶500円くらいで、2本分の分量だから、お得だと考えたそうです。

「でもね、結局なかなか使い切れなくて、最後は、酸化して真っ黒になったので、半分くらいで捨てちゃったわ……」

1瓶の半分近くの200円を「食品ロス」として無駄に捨てるくらいだったら、最初から200〜300円の小さいサイズを買うべきだったと反省したそうです。

しょうゆのように、風味が落ちる調味料は、小まめに使い切った方が、新鮮で、香りのよいものが使えて損はしなかったはずです。

あなたも、「安いから」という理由だけで、調味料を買っていませんか？

そんなにドバドバ使うものではない調味料こそ、少しいいものを選ぶのが、賢い買い方だと思います。

使い切っては新しく買っていく方が、結局はお得だし、料理も美味しくなるのではないでしょうか。

節約ばかりでは、暮らしが息詰まります

200円 お得！

私も、本格的に「だしから毎回とります！」なわけでなく、面倒臭がりなので、普段は、だしの素を使います。でも、だしの素をちょっと贅沢して、品質のいいものを買うだけで、お味噌汁の味がぐんと変わります（だしと言えば、麦茶ポットに水を入れて、そこに昆布を入れておくだけでも、簡単にだしがとれるってご存じですか？）。

料理のプロであるシェフは、調味料を上手に使うことで、味が格段によくなることを知っています。業務用のしょうゆも、鮮度が落ちないうちに他の調味料と合わせて使い切るので、多くのお客さまが残さずシェフの料理を食べてくれるのです。

残さずに食べることで、「食品ロス」は確実に減らせます。全国の18歳以上の男女3000名に調査したデータでも、60・7％の人が「残さず食べる」に取り組んでいるほどです（2019年の消費者庁の調査結果より）。

調味料のひと工夫は、「残さず食べる」のに、効果テキメンなのです。

酸化防止容器のしょうゆなら3か月間美味しく使えて、100円得します

最近、しょうゆに、酸化を防ぐ容器入りのタイプが増えてきました。

すぐ注げるペットボトルタイプと違い、両側から押すと出てくるタイプ。

これだと、酸化を防ぐことができて、3か月間、美味しく使えます。

しょうゆ1リットルは、おおむね300円。いっぽうの酸化防止の卓上のタイプは、200mℓで1本200円ぐらいです。

最近は、2人世帯も増えているので、1リットルだと使い切れず、3分の1ほど余らせたら、100円損してしまうことになります。

ちょっと割高でも、酸化防止のタイプが増えている理由がわかりますよね。

しょうゆは、開封前なら、8か月〜2年ほどの賞味期限があります（容器や種類で異なります）。

でも一度開けたら、早めに使い、保存も、直射日光が当たらない、高温でない場所が基本です。

「賞味期限が切れたおしょうゆは、使えないんですか？」

新鮮なしょうゆは、特売の食材を、ぐっと引き立てます

100円 お得！

講演などで、そんな質問を受けることがあります。

空気に触れたしょうゆは酸化するので、黒く変色してきたら、お刺身につけるとか、冷や奴にかけるなどの使い方は、あまりオススメではありません。

でも、火を通せば、使い切ることができます。

たとえば、煮物や、炒めものなどです。

なお、大学生や単身赴任の一人暮らしで、料理もしなくて、たまにしか使わない……という場合だったら、小袋タイプのしょうゆもいいかもしれません。

東京・銀座の百貨店、松屋には「職人醤油」のコーナーがあります。北から南まで、80種類以上ものしょうゆのミニボトルが販売されています。少しだけ試してみて、気に入ったらまた買う、という使い方ができます。

先日私も、長野県の大久保醸造店の「紫大尽」を、松屋で買ってみました。

うす口で美味しく、お刺身など、そのままつけて味わうにはぴったりです！

買ったものを
全部使い切るワザ

冷蔵庫の奥に眠る、
謎の物体＝「食品ロス」。
密閉された冷蔵庫は「食品ロス」を、
今日も生み出しています……。
牛乳やヨーグルト、納豆や豆腐、卵や肉などの
常備品でさえ、例外ではありません。
そんな食べ物たちを救う、
「賞味期限」のお話＆冷蔵庫の活用術。
知っているだけで、
心も財布も楽になります。

納豆やヨーグルトは、賞味期限残りゼロでも捨てなければ、100円分がお得です

スーパーに買い物へ行った時、まず「野菜売り場」からのぞきませんか？

野菜売り場の、赤や緑や黄色などのカラフルな色合いは、買いたくなる意欲を活発にさせるのだという説があります。

野菜売り場と並行して、「見切り品ワゴン」も私は必ずチェックします。

「見切り品ワゴン」には、賞味期限が近づいた食品が、見切り（値引き）されて入っています。

いつも見ていると、多いなーと思うのが、納豆やヨーグルトなどの発酵食品です。

どれも、だいたい100円はお得と言えます。

しかも、ある発酵食品メーカーの社員に伺ったのですが、「（賞味期限が）切れるころが美味しい」そうです（メーカーとしては、おおやけには言えませんが……）。

賞味期限は、その食品を作る企業が、微生物の検査や味のチェック（官能検査）など、いろんな検査をして、美味しく食べられる期限として出します。

その期限に、さらにリスクを考え、「安全係数」と言われる数字を掛け算して、「賞味期限」を求めるのだそうです。国（消費者庁）は、安全係数の基準として「0・8以上、1未満の数字を使うように」と推奨しています。

たとえば、10か月美味しく食べられるカップ麺。このカップ麺の賞味期限は、安全係数の0・8を掛けて、8か月間という具合です。

賞味期限は、その日付を厳密に守るモノではないことがわかりますよね？

賞味期限は、あくまで目安であって、自分でにおいを嗅いだり、目で見たりして、食べるのが確実なのです。

見切り販売をしているお店は、良心的な、いいお店です。

値引きシールにもお金はかかっているし、シールを貼る作業をする店員さんも大変です。

それでも、値引きしてでも、安く売り切り、「食品ロス」を出さない努力をしているのです。

だから、見切り販売をしているお店を見つけたら、儲けもの！

「見切り品ワゴン」は、お得で、美味しいワゴンです

冷蔵庫には、年30000～40000円の倹約を生む「2入5出」の法則が、効果的です

きれいに並んだ密閉容器に、切って下ごしらえされた野菜が、ピシッと並んで入っている。さらに、こうした密閉容器が、冷蔵庫にキッチリと並んでいる。

冷蔵庫の整理術などで、よく見る光景ですよね。

そういうのを見るたびに、劣等感にさいなまれます。

「こんなにきれいにできない……」

理想は、わかる。でも、ものぐさだから、「食品ロス」としてダメにしてしまう。

そんな私が行き着いたのは、「入れたら、出す」という法則でした。

冷蔵庫で食べ物を腐らせてしまう理由は、「入れたら、出す」がうまくいっていないから……。

「入れる」「入れる」「入れる」の繰り返しで、「出す」がないと、冷蔵庫が便秘になってしまいます。

新聞の投書欄に、年配女性の投書が載っていました。彼女は、野菜は1週間に1回しか

買わない、と決めているそうです。1週間に一度だけ買ってきて、冷蔵庫に「入れる」。そして、1週間のうち、残りの6日間で、順番に「出す」＝使い切っていくそうです。買ってきて詰めるのも満足感があるけれど、逆に、少しずつ使っていって減っていくのも幸せなのだ、という趣旨が書いてありました。いい話だな、と思いました。

おすすめは、「入れる」を土日の2日間でやること。一方の「出す」は、月曜〜金曜の5日間です。つまり、「2入5出」の法則です！

この「入れたら、出す」を習慣づけたら、わが家の家計は、年に3000〜4000円近く楽になっていました。冷蔵庫も、もちろんスッキリ片付きます。

「買う」ことに幸せを覚えるだけでなく、「使い切ってきれいにしていく」ことにも満足感を覚える。

そんなあなたなりの「〝2入5出〟の法則」、作ってみてください。

冷蔵庫が空っぽなら、整理の必要もありません

3~4000円

お得！

卵の賞味期限が来ても、火を加えれば20円を無駄にせず、食べられます

卵は、スーパーのチラシでの、お買い得商品の、不動のスター。

うちの近所のスーパーでは、「1000円以上お買い上げのお客様に限り、1パック100円」なんてこともあります。

だから、ついつい、〝卵＝安いもの〟と、粗末にされがちです。

あなたは、卵の賞味期限が過ぎていたら、「食品ロス」として捨てますか？

「日本卵業協会」によれば、消費者向けの卵の賞味期限は、気温が25度以上の夏場に、生で食べられる日数を前提に14日間と決められています。

じゃあ、冬の賞味期限は、どれくらいでしょう？

気温が10度以下の冬は、57日間も、卵は生で食べられるのだそうです。

実際、レストランや飲食店向けなど、業務用の卵は、「温度管理がしっかりしている」という理由で、夏と冬で賞味期限を大きく変えています。

目の前の卵が賞味期限を迎えてしまった時は、卵のパックの表示をよくよく読んでみてください。「賞味期限が過ぎたらすぐ捨てましょう」とは書いていないはずです。「過ぎた

ら、充分に加熱調理して、早めにお召し上がりください」って表示されていないですか？**賞味期限を過ぎても、火を通してゆで卵や目玉焼きにすれば大丈夫。**1個20円を「食品ロス」として無駄にする必要はありません。

実は、卵は、冷蔵庫の置き場所によっても、傷みやすさが変わります。

昔の冷蔵庫は、ドアの扉に卵入れの棚が付いていましたが、扉の開閉のたびに揺れるので、実は、傷みやすくなるとか。

さらに、どう置くかでも、違いがでます。

卵の形は、丸い方と尖っている方がありますよね。

鮮度を保つには、丸い方を上、尖った方を下にします。諸説ありますが、丸っこい方には、空気の部屋（気室）があって、黄身に細菌が入り込みにくくなるそうです。

卵は、57日間も、生で食べられます！

20円

お得！

豆腐は、パックから出して保存すればさらに長持ちして、80円節約できます

近所に、大好きな、お豆腐屋さんがありました。

おじさんは、厳格なんだけど、おばさんが店番の時は、一丁お豆腐を買うと、もう一丁、よくおまけしてくれたものです。

「今日は何を作るの？　へー、初めて聞いた。おばさんも作ってみようかな！」

おばさんとの会話が楽しみだったのに、ある日、閉店……。

行きつけの店があると、調理方法を教えてもらったり、おまけしてもらったり、買い物自体が楽しくなりますよね。同じお金を払うなら、「買ってくれて当たり前さ、ふん」な店より、喜んでくれるお店にお金を払いたいものです。

スーパーなどで買った豆腐を、長持ちさせる方法があります。

買ったらパックのまま冷蔵庫に直接入れるのではなく、密閉容器などに水を張って入れて保管します。余裕があれば、毎日、お水を替えましょう。

１６０円のお豆腐だったら、余った半丁分が長持ちし、「食品ロス」として無駄にしないことで、80円の節約になります。

豆腐の鮮度は、水で決まります！

80円 お得！

最近では、充填豆腐と言われるロングライフのお豆腐も出てきましたね。家庭で使う時はもちろん、アウトドア用や災害備蓄用としても便利です。

東日本大震災の時には、被災地で、食べ物が炭水化物に偏り、たんぱく質が足りなくて、避難している人の筋肉が落ちてしまう……ということがありました。長く日持ちするお豆腐や魚の缶詰は、いざという時のたんぱく源としても重要です。

そうそう、群馬県の豆腐メーカー、相模屋食料は、製造時の工夫で、賞味期限が15日間のお豆腐を開発したそうです。

さらに、このメーカーでは、売れ残って廃棄される豆腐を30％も削減する工夫をし、テレビの「ガイアの夜明け」でも紹介されました。

行きつけのお豆腐屋さんに加えたいようなメーカーですね。

余った肉は、トレーから出して〝くるみ直す〟と、１００円セーブできます

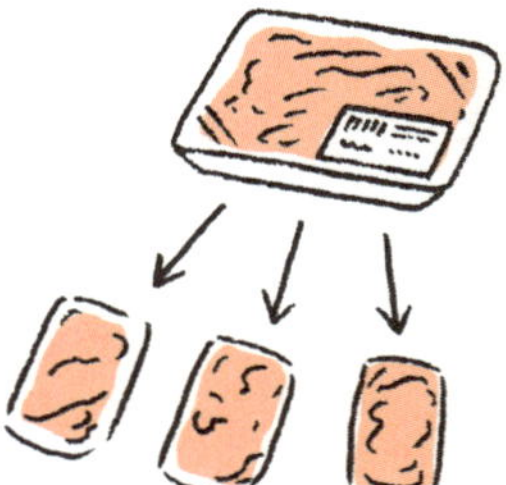

食品用ラップの昔のテレビＣＭに、冷凍庫から取り出した豚肉のシーンがあったそうです。

その豚肉は、長らく冷凍庫に放置されていて、俳優さんが「この豚肉、日付が昭和です」と語る、笑えるようで笑えないセリフで話題になりました。

私にも、身に覚えがあります。

冷凍庫の中で、化石みたいに凍りついた肉……。

「冷凍しておけばいっか」と、安易に冷凍庫に放り込んだものの、結局は使わずじまいの「食品ロス」……ということが、以前よくありました。

上手になんでも冷凍し、適切な時期に解凍して使い切れば良いのですが、私は、何しろマメに整理整頓できません。

結果、化石みたいなお肉が冷凍庫の中で、突然、大発見されるのです。

肉を冷蔵したり冷凍する時は、買ってきたパックのままではなく、〝くるみ直す〟と傷

みにくくなります。

トレーに入ってラップがかけてあるものは、トレーから出して、ラップで包み直す。空気に触れないので、酸化が進みにくくなります。

〝くるみ直す〟時は、できるだけ、小さく、薄い形にするのが良いと、旭化成ホームプロダクツのサイトにもあります。

肉を200円分買って、半分を余らせて「食品ロス」としてダメにするなら、保存を工夫するだけで、100円セーブできるのです。

余談ですが、私が青年海外協力隊として住んでいたフィリピンには、アドボという、肉や魚介類などを酢としょうゆで煮込んだ、郷土料理があります。

地方の村の市場では、肉も魚も、冷蔵ではない状態で売られています。

そんな環境でも、肉や魚が傷むのを防ぐ知恵として、アドボなどの調理方法がフィリピンでは生まれたのですね。

お肉の「食品ロス」は〝くるみ直し〟で防げます

100円 お得！

賞味期限ギリギリの牛乳は、お菓子の素で美味しく40円がセーブできます

冷蔵庫のルーティン飲料といえば、牛乳ですね。

そんな牛乳ですが、予定通りに使い切れず、余ることも……。

そんな時は、お菓子に変身！

1リットルの牛乳パックで、200mlも余っていたら、プリンの素や、杏仁豆腐の素を使って、デザートが作れます。

「でも、牛乳の賞味期限が切れるのが今日だから、今日食べなくてはダメなの？」などの心配は無用です。

先ほども書いたように、賞味期限は、美味しさの目安でしかありません。

なお、牛乳には、〝賞味期限〟が表示されている商品のほかに、〝消費期限〟が表示されている商品があります。

では、賞味期限と消費期限は、どう違うのでしょう？

消費期限は、おおむね5日以内の日持ちの食品に表示されます。

賞味期限は、捨てる期日ではありません

40円 お得！

たとえば、お弁当や、サンドイッチ、おにぎり、生クリームのケーキなど。覚える目安は、品質がわりと早めに劣化するので、早めに食べた方がいいものたちです。

これに対し、賞味期限は、基本的に品質が長く保てる食品につけられます。

賞味期限は、品質が切れる日付ではありません。

あくまで、「美味しさの目安」と覚えておきましょう。

消費期限が表示された牛乳に話を戻せば、表示された日を目安に、早めに飲み切るのが正しい対処法と言えます。

もちろん、表示の数字を見るだけでなく、においを嗅いでみる、目で確かめてみる、などもしたいところです。

美味しいお菓子に変身させれば、なんの心配もなく、あっという間に食べちゃいそうですよね。

季節に一度、冷蔵庫の中身をゼロにする「おうちサルベージ」なら、200円節約できます

「サルベージ」って言葉、ご存じですか?

難破した船を引き揚げる、という意味の英単語です。

このサルベージという言葉をもとに、食べ物を粗末にしないアイデアが生まれました。

それが、「おうちサルベージ」。サルベージされるのは、家の中の眠っている食材。冷蔵庫の隅の野菜、安売りで買い過ぎたお菓子、お土産のいただきものです。

合計すれば、どんな家庭でも200円分以上の食料が出てくるはずです。

「おうちサルベージ」は、引き揚げられた食材を、料理して、家族や友人で食べるのです。

これなら、いつでもできます。冷蔵庫や戸棚をチェックして「これがあるから、あの料理を作ろう!」でOK。買い物に行ったり、新たな食材を買う必要もありません。

ズボラな人こそ、引き揚げ物が満載の、豪華な会ができるはずです(笑)。

1か月に1回、家族みんなで、ゲーム感覚で始めると面白いですよ。**冷蔵庫や戸棚が片付き、眠っていた200円以上の食材を救うだけでなく、気持ちもスッキリします!**

「食品ロス」に取り組む人たちの会でも、集まった食材で、何ができるか複数のメニュー

を考え、それを作るのがお決まりです。

香川県で参加した「瀬戸内0円キッチン」という会では、スーパーで傷む手前のブロッコリーをサルベージしていました。「では、この大量のブロッコリーどうしようか？」ということで、「ブロッコリーコロッケ」を作りました。さらに、葉っぱが茶色くなる手前のレタス、熟した柿で2種類のサラダを作って、0円で地域の方に提供しました。

普通の料理会との違いは、「ちょっとだけ、いいことをした」という自己満足かもしれません。

でも、こうした小さな成功体験を積むことで、「食品ロス」は確実に減っていくはずです。

子どもに、苦手な食べ物を克服させるには、「もったいないでしょ！」とお説教するより、「苦手だったけれど、食べられた！」と成功体験を積ませる方が、ずっと効果的なのと一緒です。行動科学の先生の請け売りですが、大人も同じですよね。

冷蔵庫の片付け大会、それが「おうちサルベージ」です

200円

お得！

余ったダイコンの漬物は、細かく刻んでポテトサラダに入れると、50円のお得になります

友人に教えてもらって以来、折に触れて通う小さな居酒屋さんがあります。そこで、必ず頼むのは、いぶりがっこ入りのポテトサラダ！

いぶりがっこは、秋田の名物の漬物です。ダイコンを、囲炉裏の上に吊るして燻《いぶ》し、米ぬかで漬け込んだもので、最近はスーパーでも手に入ります。

いぶりがっこだけでなく、ダイコンの漬物が半端に余ったら、刻んでポテトサラダに入れると美味しい！　というのが、居酒屋で学んだ結論です。

余った漬物を使うだけで、ポテトサラダに入れる具材をセーブできます。1本の10分の1ほどの切れ端でも、50円ほど倹約できます。

自宅で簡単なマリネや漬物を作る時もありますが、それだけにとどまらず、スーパーの見切り品の漬物もよく買います。

べったら漬けやダイコンの1本漬け、キュウリやナスの漬物、キャベツやハクサイの浅漬けなどは、半額以下の値段で売られています。

余った漬物も、捨てずに料理に活かせます！

こうした見切り品だと、すでに味が染みているので、今晩の夕飯から使えます。

こうなると、50円どころか100円以上得していることになります。

とはいえ、**漬物が余ってしまったら、漬物としてではなく、一つの野菜（食材）として考えると道がひらけてきます。塩抜きし、料理の材料として使うのです。**

漬物が少し塩っ辛い時は、ボウルに水を張り、少しつけておくと、塩気が抜けて、料理に使うのにちょうど良くなります。

たとえば、チャーハンや混ぜごはんにしたりなど、新たな野菜を一つ買う代わりにすれば、これまた50円はお得です。

キムチが余れば、キムチ納豆にします。

納豆に噛みごたえがないので、シャキシャキした漬物と合わせると、満足感の得られる一品になりますよ。

ペットボトル飲料は、口をつけずに飲むだけで、１００円倹約できます

以前の私は、ペットボトルの炭酸水が、大好きでした。よく、箱買いもしたくらいです。でも、ある時、プラスチックの問題に取り組む、大学生や若い世代の方たちと会って、ペットボトル派から卒業しました。

彼ら彼女たちは、喫茶店では、ストローを頼まず、マグカップのみ……。徹底したその姿勢に、ちょっと自分が恥ずかしくなったのです。

そしてすぐに、これなら便利と、炭酸水を作る機械を買うことにしました。

その時を境に、わが家からペットボトルのごみは出なくなったのです。

炭酸水を作る機械は、いつでもスイッチ一つで、自分好みの炭酸水を作ることができます。**炭酸水を作る機械には、いろいろなタイプがありますが、どれも、５００mlあたり20～60円程度と、市販の炭酸水よりも１００円近くお得です。**

ごはんを炊く時にも便利で、炭酸水を使うと、もちもち、ふっくらに炊けることを（後からですが）知りました！

ペットボトル派から卒業したことで、さらに衛生的にもなりました。

「全国清涼飲料連合会」が発行している「清涼飲料水ハンドブック」によると、ペットボトルを開栓するだけで、19％の割合で菌が発生するそうです。その後、口をつけて飲むと、何と51％の確率で菌が発生するというデータが掲載されています。

ペットボトルの口つけ飲みは、夏によく見かけます。気温の高い夏場であれば、菌の増殖も、当然、冬より早くなります。

ペットボトルは、口をつけて小分けに飲めるので便利ですが、菌の発生を考えると、余らせずに早めに飲み切りたいところです。

さらに長持ちさせるには、コップなどに移して飲みます（さすがに面倒ですが……）。

また、雑菌が繁殖しにくいお茶も、酸化して品質が落ちますから、あまり時間がたってから飲むのはお勧めできません。

コンビニや自販機でペットボトル飲料を買えば、１５０円ほどします。3分の1余らせて、次々に買って、１００円を無駄にしないためにも、上手に飲みたいところですね。

ペットボトル飲料の無駄を、衛生的に減らしましょう！

100円 お得！

捨てていたものも
「食品ロス」にしない
アイデア

「野菜くず＝生ごみ」に、
なっていませんか？
今日からは、
〃少し傷んだから、捨ててしまえ〃を卒業です。
実は、美味しい。
けっこう、使える。
そんなアイデアを集めてみました。
キッチンが片付く、料理の新ワザ。
余さず使い切り、
あなたの〃もったいない〃感性に
磨きをかけましょう！

わが家の特製スムージーは身体に良いだけでなく、10円お得

『グリーンスムージーダイエット』（日東書院本社）という本の監修をしたことがあります。そのお仕事がきっかけで、かれこれ6年以上、野菜と果物を使ったスムージーを、ほぼ毎朝作って飲んでいます。

身体を若く保つポイントは、血管を老化させないこと。

そのためには、青菜を摂ることを、あるお医者さんも勧めていました。

なので、毎朝のスムージーには、チンゲンサイなどの青菜が欠かせません。

スムージーのメリットは、不足しがちな野菜をたくさん、きちんと朝から摂れることですね。

それに加え、**わが家の特製スムージーは、家計を助ける役割も担っています。**

前の日の夕飯の生春巻きで余ったパクチーやカイワレダイコン。お昼のサンドイッチ用に買って余ったサラダ菜。野菜スティックに使ったセロリの余った葉っぱ、などなど……。それぞれ、10円ずつくらいは集まるはずです。

その半端に余った野菜や、パサパサしてあまり美味しくなかった柑橘類など、それこそ

「食品ロス」ゼロの最終兵器＝スムージー！

何でも、あまり深く考えずに入れてしまいます。

この特製スムージーのおかげで、野菜を捨てることがなくなりました。

さらに、**これらの野菜のおかげで、スムージーのかさ増しもできます。**

金額にすれば10円ほどかもしれませんが、果物を買うお金まで減らせるのです。

10円どころでなく、いろいろお得ですよね。

しかも、時々、余った豆腐の端っこを入れることがあります。

今をさかのぼること、高校3年生の文化祭……。

「豆腐ドリンクの店」を提案して、3年E組の出し物に採用となりました。豆腐スムージーが今のようになる、はるか昔の話です。

まるで、今の生活を予言したかのようですが、豆腐のスムージー、美味しいですよ。

やってみてください！

10円 お得！

エノキは、天日で干して、一石三鳥に使いまわすと、50円お得です

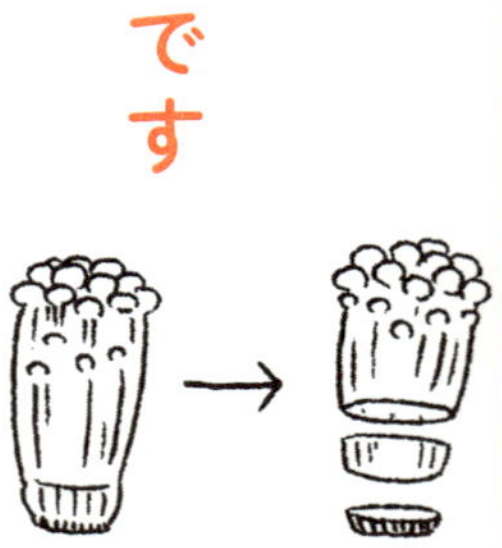

キノコ類って、家計の強い味方ですよね。

手軽で便利なのは、何と言ってもエノキ。

日本で最もたくさん生産され、そして消費されているキノコで、料理の主役にも、ちょっとした付け合わせにも万能です。

エノキなどのキノコ類は、カロリーが低いにもかかわらず、ビタミンやミネラル、食物繊維が含まれています。便秘を防いだり、コレステロールや血圧を調整してくれたりするのです。

ところで皆さんは、エノキの根っこって、どうしていますか?

「ザックリ切って捨てる!」という人がほとんどですよね。

実は、根っこの茶色いところ（おがくずがついている石づき部分）は、1センチほど切り落とすと、立派なおかずになります。根っこを輪切りにして、バターしょうゆでソテーすると、ホタテの貝柱のように美味しく食べられます。

さらに、エノキを天日でカラカラに干せば、いろいろな料理に活用できます。長野県で

は「干しエノキ」が市販されているほど。味噌汁や炊き込みごはん、スープの具になるし、だしにしたり、お湯を入れれば「エノキ茶」にもなります。

生のエノキより、乾燥させたエノキの方が、うまみやだしが出やすいそうです。

干しエノキの作り方も、簡単です。古新聞やザルの上に、バラして干すだけ。魚の干物を作る青い網のカゴ（多目的ネット）でもいいかもしれません。

そう言えば、以前、エノキをミキサーで砕き、煮込んでから凍らせる「エノキ氷」がダイエットにいい、と話題になりましたよね。実は、このエノキ氷も、砕くと成分が出やすいという原理を使っているようです。

エノキは、今まで捨てていた部分が、家計を助ける大活躍をする食材です。

そのままだけでなく、干しても、砕いて凍らせても、活用できます。

まさに、一石三鳥！　50円どころではなく、お得ですね。

今まで捨てていた部分も、美味しく食べられます！

50円

お得！

長ネギは、緑の部分から先に使うと、1本で35円お得になります

ネギを買ったものの、そのまま冷蔵庫に入れると、しなびてきます。特に、緑の部分。茶色くなったり、黄色っぽくなったりしてしまいます。

3本まとめて買った時でも、できるだけ、ネギ1本の3分の1を占める緑の部分を先に使ってしまいましょう。

1本100円とすると、3分の1なので、約35円お得というわけです。白いところは、比較的、日持ちするので、ゆっくり使うことができます。もちろん、マメに刻んで、冷凍したりできれば、そもそも問題は解消します（その時は、冷凍庫の場所を占めてしまわない工夫が必要になりますね）。

でも、それ以上に、ネギを「食品ロス」させない、大事なワザがあります。

薬味、脇役、ちょっとあればいい……という主役ではない感じを一新し、長ネギを、料理の主役にするのです（ネギ料理専門店があるくらいです！）。

新鮮なネギなら、そのまま網やオーブントースターで焼けば、外側は香ばしく、中はとろりと柔らかく、これだけでも、おかずの一品に。

焼いたものが余れば、酢じょうゆやマリネにつけると日持ちもし、また違った味わいになります。

オススメは、ネギが主役の「豚しゃぶ」鍋です。

ともかく、ネギをこれでもか……というくらいたくさん入れます。肉の1に対してネギ1くらいで、ネギが立派な主役になって、美味しく食べられます。

同じ要領で、味噌汁やスープの具としても、どっさり入れてOKです。

ネギを、普段からたっぷり摂っておくのは、風邪予防にもなります。ネギに含まれるアリシンという成分に、抗ウイルス作用があるからです。

と、こうして普段から、長ネギをたっぷりと主役級で使っていけば、ネギは、たとえたくさんあったとしても、すぐに在庫がはけていきます。

ネギ味噌やネギダレ、ネギ油などをまめに作れる人なら、なおさらです。

「1本ずつ使う」をやめ、「まとめて葉先から使う」！

35円

お得！

ブロッコリーの芯や、セロリの葉っぱも捨てずに活用すれば、50円お得です

ブロッコリーの芯の部分、どうしてますか？　捨てていますか？

私が大学時代、一人暮らしの時に使っていた料理本には「薄くスライスして、ベーコンと炒めると、歯ごたえがあって美味しい」と書かれていました。

最近だと、ツイッターで、ブロッコリーの芯（茎）の部分を薄く切って、ゴマ油としょうゆに漬けると「ムッチャ美味しい！」と評判になったみたいです。

ブロッコリーの値段は、時期によって変わります。**安い時だと100円ほどなので、芯の部分までちゃんと使えば、50円ほどお得になります。**

セロリの葉っぱも、人によって、捨てていますよね。

料理研究家の有元葉子先生は、著書のなかで、セロリの葉のさまざまな活用法を紹介されています。スープストック、かき揚げ、ふりかけ、トマトスープの上に千切りにして散らすなど、いつ読んでも参考になります。**セロリが1本100円とすれば、葉っぱの部分を「食品ロス」として捨てずに使えば、50円お得という計算になります。**

野菜の捨ててしまいがちな部分も、案外、使えることがわかります。

野菜の切れ端から、キッチンを変えましょう！

先ほども触れた有元先生は、シイタケの軸、ニンジンの葉、ナスの皮やダイコンの皮など、徹底して使い切っています。

キュウリならば、塩もみにすると、冷蔵庫で1週間くらい保存できるそうです。

ニンジンも、よく洗えば、皮をむかなくても、そのまま乱切りなどで煮物に使えます。

私の母は、夕食のおかずに、ホウレンソウのゴマ和えをよく作っていましたが、根っこの赤い部分まで、捨てずに入れていました（今でも変わりません……）。

私も、朝の野菜スムージー用に、チンゲンサイなどの青菜を買うと、根っこまで洗って全部投入しています。

毎日飲むスムージーなので、ストックするなどの手間もなく、生ごみも減って、「ああ、全部使いきった！」という爽快感に浸れますよ。

野菜くずが2〜3種類あれば1食分のスープになり、50円セーブできます

食品メーカーに勤めていた頃、普段なかなかお会いできない方から教わる機会がありました。

その一つが、料理家、辰巳芳子先生の「いのちのスープ」です。

辰巳先生のお父さまが、脳梗塞で倒れ、食べる楽しみを奪われていた時に誕生したのが「いのちのスープ」だそうです。

いくつか種類がありますが、元祖と言えるのが「ポタージュ・ボン・ファム」。

ジャガイモ、タマネギ、ニンジン、セロリなどを蒸らし炒めにし、野菜のうまみを引き出します。これに、ブイヨンと牛乳を使って、コトコト時間をかけて味を調えます。

高齢者にもいいし、牛乳が飲めるようになった1歳以上の乳幼児にもいいでしょう。

もっと気軽なのが「ベジブロス」です。

タマネギやダイコン、ニンジン、ショウガなどの皮、枝豆やグリーンピースなどのさや、シイタケやシメジなどキノコ類の石づき、ニンジンのヘタやセロリの葉っぱなど、野菜の切れ端を鍋に入れて、水とお酒で、コトコトと煮出していきます。これに、ローリエ

やコショウを加えると、香りがぐっと良くなります。

普段捨てていた部分を使えば、わざわざブイヨンを買う必要もありません。ブイヨン代50円お得になります。

この「ベジブロス」、スープとして食べるだけでなく、カレーや雑炊（リゾット）など、美味しい料理のスープベースとしても活用できます。

なお、「ベジブロス」を作る際は、たいがいの野菜は使えますが、ゴーヤなどクセの強いものは、避けるか、少なめにした方がいいかもしれません。

また、野菜の皮やヘタについている農薬が心配な場合は、重曹を小さじ1杯くらい溶かした水に数分間つけて、洗ってから使いましょう。

今まで捨てていた野菜くずを、「いのちのスープ」に蘇らせましょう！

料理が苦手でも、「いのちのスープ」なら簡単に作れます

50円 お得！

豆苗は、根っこを捨てずに育てるともう1回収穫できて100円のお得です

豆苗《トウミョウ》って、何の豆の若芽だか、知っていますか？

100円ほどでスーパーで売られていて……、カイワレダイコンを大きくしたみたいな……、炒めものに最適な……、あの野菜が豆苗です。

実は、豆苗のもとは、エンドウ豆だとか。

エンドウ豆は、若いサヤだとスナップエンドウ、未成熟の豆ならグリーンピース、完熟品はあんみつに入っている赤エンドウや青エンドウ。

びっくり、みんな、同じなのです！

もともと豆苗は、中国で作られてきた野菜です。中国では、畑で育てますが、日本では、植物工場で水耕栽培されています。

豆苗は、根っこを残しておいて、水を注いで育てると、また生えてきます。

100円の豆苗を新たに買わなくて済むので、すごいお得。

1株50円で、美味しい豆苗の炒めものができるなんて、家計の強力な味方ですよね。

賢い方は実践しているハズですが、豆苗のパッケージにも、根っこを育てる方法がイラ

ストで紹介されています。私が売り手なら「さっさと捨ててもらって、新しいのを買ってもらった方がいいのかしら?」と思っていたのですが、良心的です。

で、3回目も収穫が可能なのかしら……、という挑戦は、失敗に終わりました(苦笑)。

普段私がよく目にする豆苗は、村上農園が作っています。

この村上農園では、2012年に「豆苗研究会」という社内プロジェクトを発足させました。

豆苗の保存や調理、食べ合わせなど、豆苗を徹底的に検証し、その魅力を伝える活動、略して「ミョウカツ」をネットで主体に行っています。

この「ミョウカツ」によると、買ってきた豆苗を保存するには、野菜室でも、冷蔵室でも、どちらでもいいそうです。ただし、横にせず、縦に置くように、と書かれています。

さらに。**一回使って、根っこを切った豆苗は、冷蔵室で保存しながら、また生えてくるのを待つのが、美味しく収穫できるコツだそうですよ。**


冷蔵庫で育てると、2回目も、おいしく収穫できます

100円 お得!

賞味期限が少し過ぎたビールを肉の煮物に使えば、66円セーブできます

ところで、缶ビールの賞味期限、ご存じですか？

各社の公式サイト、お客様相談のコーナーでは、缶ビールの賞味期限は9か月ほどです。以前、ビールの賞味期限は、缶の底に、年月日で記されていました。しかし、最近では、日付が抜けて、年月表示になっています。日本の決まりでは、賞味できる期間が3か月以上ある場合、日付は書かなくていいことになっているので、日付まで記載しなくなったのです。

日付ではなく、年月の表示にすると、ビールは、月の途中ではなく、月末まで飲めます。つまり、「食品ロス」を減らせるメリットがあります。これは、企業にとっても、それを買う私たちにとってもお得。「食品ロス」を減らす努力として、国が後押しして改善されてきました。

ところで、賞味期限が切れそうになったビール、流しに捨てたりしていませんか？

そんな時は、**ビールが、料理に使えることを思い出してください！**

ビールは、お肉の煮物に、最高の調味料です。水の代わりにビールを入れるだけで、肉

が柔らかくなります。料理のコクを深めたければ、肉を炒めてから、ビールで煮込んでもいいでしょう（ビール会社のサイトには、ビールや発泡酒を使ったレシピがたくさん載っています）。

私は、やったことがないのですが、揚げ物の衣に水の代わりにビールを入れれば、衣の中に気泡が生まれ、サクッとした食感が増すそうです。

ちなみに、冷蔵庫でビールを冷やす時、扉のポケットに入れる方も多いかもしれません。でも、冷蔵庫を頻繁に開け閉めする家なら、奥の棚に入れた方がオススメです。ビールの品質を保ち、美味しく飲むためには、ビールを振動させない方がいいからです。

それでも、飲み残したビールや、賞味期限をかなり過ぎた時は……。

実は、捨てない知恵が、まだあります。それは、油汚れが気になるところの掃除に使う、です。ビールのアルコール分が、ガスコンロや電子レンジの中などの油を落としてくれます。

スーパーでビールを買うと、安いと198円くらいです。3分の1を飲み残しても捨てず、煮物やお掃除などで使えば66円お得です。一度試してみては、いかがでしょう？

美味しいビールは、無駄なく使える調味料でもあります！

66円

お得！

安くて、賢く
「食品ロス」も出さない
買い物テク

いちばん好きな家事は、
買い物！
買い物は、気持ちが晴れやかになる、
楽しいひと時ですよね。
だからこそ「食品ロス」になりそうな、
余計なひと品を買ってしまいがちです。
鬼に金棒なのは、「食品ロス」を出さない
買い方を身に付けること！
その秘訣は、常識にとらわれず、
必要な分量を買う、
楽しい〝小ワザ〟にあります。

「2個買えば、割安」でも、1個だけ必要なら一つだけ買う方が、200円お得です

恵方巻が、たくさん捨てられている話……。聞いたことありますよね。

実は、2月3日の夜、あるお店へ、恵方巻の様子を見に行ったことがあります。

その店では、深夜の閉店近い時間なのに、270個の恵方巻が売れ残っていました。

それ以上に驚いたのが、見切り(値引き)シールが貼られる時間に、棚に群がる人の多さです。「1個300円のところ、2個まとめて買えば500円」と謳《うた》う張り紙の下、二人掛かりでシールを貼る店員さんの横に群がる人たちの姿は、ちょっと異様な光景でした。

深夜、恵方巻を二つも買って、家でちゃんと食べたのでしょうか？　200円分本当にお得になったのか、不安になりました。

中学校の家庭科の教科書には、「まとめ買いは、無駄になりやすい」と書かれています。安売りの魅力の前に、不要なものを買い過ぎてしまうので、教科書でも警鐘を鳴らしているのです。

そこで私も、宮城県石巻市のある小学校で、「おうちで余っている食べ物を持ってきて、

なんで余ったのか、その理由を言ってください」という課題を5年生にお願いしたことがあります。

提出の日、ある男の子は、ピクルスの瓶を持ってきました。お父さんが、1瓶300円のところ、2瓶500円だからと2瓶買ったので、1瓶を課題として持ってきたそうです(実は、それで話は終わらず、お母さんも知らずに2瓶買って、合計4瓶になったとか)。

イギリスの大手スーパー「テスコ」でも、スーパーで無駄に捨てられる食品の調査をした結果、「2個まとめて買えば、安くなる」方式をやめたそうです。

まとめ買いは、「食品ロス」の温床だけではなく、肥満の原因にもなります。

たくさんあると気が大きくなって、余計に飲み食いして太るって、ありますよね。

海外でもよく見かける〝1個買えば、1個タダ〟。ピザやハンバーガー、フライドポテト、ポップコーンなど、ファストフードやスーパーの店頭でよく目にします。

無駄な買い物を余らせれば、「食品ロス」になります。無駄な買い物を無理して食べれば「肥満」になります。だったら、無駄に買わないのがイチバン、ですよね……?

「あれば、食べる」は、「食品ロス」と「肥満」の温床です

200円 お得!

買い物には、買う分のお金だけ持って行くと合計金額が、500円以上安くなります

大きい金額の買い物をする時、予算を決めますよね。

たとえば、家具とか家電とか、もっと大きな、クルマとか家とか……。

食品は、どうでしょう？　一度の金額は少しですが、毎日なので大きな金額になります。

1か月の食費を、ザックリでも決めている家は、多いはずです。

その食費、キチンとセーブするには、献立を決め、買う分だけのお金で買い物するのが、一番、無駄なく合理的です。節約上手のお手本、とも言えますよね。

そこまでキッチリしなくても、一回スーパーに行くごとに「2000円以上は使わない」などと決めておくだけで、かごの中身は、とても少なく済みます。

長年の経験ですが、**スマホの計算機を使って、つどつど足し算しながらスーパーで買い物をするだけで、500円以上安く済みます。**

予算を立てて「買う分のお金だけ持って行く」と言われても、ピンと来ないかもしれません。1週間に何回、どんなタイミングで買い物に行けるかは、人によって、全く違いま

すから……。

ということで、最初は無理せず、ゆる〜く「予算」を決めて良いと思います。

自分なりに、「一回2500円」とか「一日1人500円まで」など、おおよその予算を立てることで、普段、食費にどれくらいかけているのか、ザックリ把握できるからです。

私たちが、普段買い物で買う食べ物には、実は、二つの種類があります。

一つは、野菜や魚など、新鮮なうちに食べた方が美味しい「新鮮タイプ」。

そしてもう一つが、熟成させた方が美味しい、缶詰のような「熟成タイプ」です。

「新鮮タイプ」の買い物は、〝買った瞬間から古く〟なります。まとめ買いせず、毎日ちょこちょこ買って、冷蔵庫にも長居させなければ「食品ロス」を防げます。

「熟成タイプ」の買い物は、すぐには古くならないので、まとめ買いには適していますが、本当に必要でなければ買わないことで、「食品ロス」を生まずに済ませられます。

そのための有効なワザが、一回にたくさんのお金を持って行かない、ということなのです。

余計なお金を持たなければ、無駄な買い物はできません……。

500円

お得!

アイスのお買い得品にまつわる1個200円以上もお得なワケ

さて、クイズです。

「冷凍食品にはあって、アイスにはない表示は、何でしょう?」

アイスも冷凍食品も、同じように冷凍ケースで売られていますよね……。

答えは、賞味期限です。

アイスには、賞味期限の表示がないものが、たくさんあります。

アイスは、マイナス18度以下で保管されるので、品質が悪くなりにくく、賞味期限の表示は省略できることになっているのです（ほかにも、水分の少ないガムや、砂糖、塩、一部のアルコール類などが、賞味期限を省略できます）。

「アイスに賞味期限の表示がないなら、いつまでも売っている……」と思いきや、アイスのメーカーは、ある一定期間が来たら、処分するのだそうです。

冷凍庫での保管は、電気代など、常温での保管よりもコストがかかります。

加えて、アイスモナカなどは、作りたてはパリッとしていますが、作ってから長く置いておくと、パリッと感が少しずつ薄れてしまいます。

アイスは、「食品ロス」になりにくい食べ物です

200円 お得!

また、終売《しゅうばい》と言って、その商品自体が販売終了になる場合もあります。品質には問題がないアイスでも、新製品が出てくると、既存の製品と入れ替える「商品入れ替え」のために、スーパーの商品棚から出て行っていただくことになるのです。

こうした理由で「お買い得」のアイスが登場します。

1個200円以上お買い得のこともありますので、まさに狙い目。

賞味期限も気にしなくてよいので、まとめ買いするにも、最適です。

まぁ、結果として冷凍庫が山のようなアイスで溢れるので、大量買いをお勧めはしませんが……。

魚は、食べる日に買うことで100円セーブできます

小さい頃、母と一緒に買い物に行くたびに、食材の選び方を教わりました。

キャベツは巻きが多く重いものが良いとか、お肉は茶色ではなく赤いものを選べ……などです。

母は、魚も質のいいものを選ぶようにしていました。「お魚は、目が赤くなっていなくて、瞳が澄んできれいなのを選ぶといいよ」。今でもよく覚えています。

福岡県柳川市のスーパーまるまつは、父親の代からスーパーを営んでいます。

今の社長さんも、毎朝4時起きで、魚と野菜を市場まで買い付けに行きます。

しかし、天候によっては、海が時化《しけ》て、魚が市場に少ない日もあります。

そんな時、まるまつの社長さんは、無理して魚を仕入れないそうです。

なぜなら市場には、「高くて、古くて、まずい」魚ばかりだからです。

言われてみると、自然相手の漁業なので、当然と言えば当然ですね。

安いから……と、チルドや冷凍にしても、余らせて「食品ロス」にさせがちなのが、魚です。

魚は（貝類も！）、新鮮なものを選び、食べる日に買うだけで、1匹あたり100円セーブできることも。大漁の時は、新鮮で美味しい魚を、スーパーも安く提供できます。でも、たくさん獲れない時は、数が少ないので、100円以上も値段が高くなる可能性があるのです。

私たちにも実践できるのは、「天候不良な時は、魚を無理して買わない」ということ。

でも、天候不良でも、スーパーの棚から魚がなくなったりはしません。それは、多くのお店が「棚に穴を開けちゃダメ」と、欠品しないようにしているからです。

欠品したら、業者には、ペナルティが課せられたり、最悪の場合、取引停止となってしまいます。なので、少し高くても、あまり美味しくなくても、冷凍品を解凍したりなど、決められた数を送らざるをえないのです。

先日、エキナカのスーパーで、ブリを買いました。分厚い切り身が、とってもお買い得の値段。聞いたら、ブリが大漁だったとのことです。

だいぶ得した気持ちで、美味しくいただきました。

魚を、美味しく、無駄なく食べるには、鮮度に気を配りましょう

野菜をきちんと摂りたいけれど手をかけたくない時に、80円浮かす知恵

旬の野菜を買った方が、栄養価は高く、値段は安め。

今どき、トマトやキュウリはいつでも手に入る野菜になりましたが、もともとは夏野菜。水分が多いから、冬よりも、夏に食べた方が、身体を冷やしてくれます。

とはいうものの、忙しい時ほど、野菜の調理の手間が面倒なのも、現実です。

仕事が忙しい時、無理して作ろうとして、かえってストレスが溜まってイライラする時がありますよね。なので、旬の野菜にこだわらず、半調理品や、セット野菜、冷凍野菜を活用することで、無理せず野菜を食べたいところです。

「でも、半調理品やセット野菜は、割高でしょう……」

いえいえ、**野菜が値上がりしそうな時は、惣菜やカット野菜、セット野菜、冷凍野菜などを使った方が、割安な場合もあります。たとえば筑前煮なら、ニンジン、レンコン、タケノコ、こんにゃくを揃えるので、80〜400円くらい違ってしまうこともあります。**

一人暮らしで、筑前煮などの煮しめを作ろうとしたら、全部の材料を揃えるよりセット野菜の方がダンゼンお得になります。無理して野菜を買い込んで、結局使わずに捨てるく

らいなら、最初から、ちょっとラクして、使い切りましょう。

京都に、八《や》百《お》一《いち》本《ほん》館《かん》というスーパーがあります。入り口には生け花が飾られ、毎月の「旬の野菜」が調理法とともにディスプレイされている素敵なお店です。1階と2階はスーパーですが、3階にレストラン、4階は農園と、京都に行くたびに立ち寄っています。

このスーパーが面白いのは、半調理の野菜が売られていることです。たとえばサトイモなら、皮をむいて茹でたもの。ニンジンなら、カットしてゆでたもの。ジャガイモなら、切ってゆでたもの。お惣菜を買うのは、ちょっと手を抜き過ぎな気分になりますが、これなら堂々と買えます。

サトイモの皮をむく手間や、むいた時の手のかゆさを排除してくれるという言い訳が立ちますから（笑）。

惣菜やカット野菜が、必ずしも割高とは限りません

80円

お得！

人気のおからパウダーは、保存も効いて普通のおからに比べて100円お得です

お豆腐屋さんで、おから1袋（500g）は、100円ほどで売っていますね。健康に良いと人気なのですが、水分をたくさん含んでいます。なので、すぐに調理しないと、傷んでしまいます。しかも、500gはけっこう多いので、炒り煮などを作ると大量過ぎて、食べきれなかったりします。

だからなのでしょう。最近では、おからパウダーが良く売れています。

おからパウダーは、だいたい1袋200円。

そもそも乾燥させてあるので、半年以上、日持ちします。

生のおからとは異なり、ヨーグルトやスープに入れたり、カレーのとろみづけに使ったり、何にでも使えます。しかも、1回分は10～20円ほどと、家計に優しい食材です。

もちろん、普通のおからと同じようにも使えます。

おからパウダー20gを、80mlの水で戻せば、100gの生おからになります。この「生おから」は、100gで33円程度。お豆腐屋さんで生おからを100円で買って、食べきれ

身体に良いおからは、今や手軽に使えます

ずに捨ててしまうなら、おからパウダーの方が、100円以上お得のはずです。

ところで、おからの原料の大豆には、大豆イソフラボンといって、女性ホルモンに似た働きをする成分が含まれています。さらに、食物繊維もたくさん摂れます。

ご存じのように、食物繊維は、コレステロールや血糖値を調整してくれたり、便のかさを増やしてお通じを良くしてくれたりします。しかも、食物繊維のカロリー(エネルギー量)は、比較的控えめです。

それでいて、水分を吸収して満腹感をもたらしてくれるので、ダイエット中の方や、お通じに悩む方など、女性にとって、うってつけの食材と言えます。

実は、日本全体のおから生産量のうち、人間が食べている割合は、1%に過ぎないそうです。

ある豆腐メーカーの方は、「スーパーにおからを持っていっても、これ、ただ(無料)でいいでしょ? と言われてしまう」と嘆いていました。

おからパウダーをキッカケに、もっと、おからを活かせるようになるといいですね。

調味料や油は、収納スペースに合わせ「だけ買い」で、200円が倹約可能です

テレビでやっているダイエット特集、ついつい観ちゃいますよね！

ある番組で、ダイエット希望者の女性宅をテレビカメラが訪問し、台所にあるものを調べる、というシーンがありました。なんと、その時に出てきたのが、同じ味のドレッシング4本……。

しかも、賞味期限が切れている他の調味料も大量に出てきました……（似たような別の企画では、大豆の粉が16袋、16kg分も発見されました……）。

太っている人の家の台所は、食べ物で溢れている……というシーンですが、私はちょっと違うことを感じました。それは、太っている人の家には、単に食べ物が溢れているのではなく、〝脂肪と同じく、無駄なモノが溜めこまれている〟ということです。

「日持ちするから」「安いから」という理由で大量に買い込んでも、結局、場所をとるだけ。

自然災害時に備え、適量の食品を備蓄しておくことは必要ですが、大量の調味料は、あっても邪魔なだけのはずです。しかも食品は、買ったその日から、どんどん古くなって

いきます。

ドレッシングの賞味期限は、種類によって違いますが、3〜6か月くらい。しかも、その賞味期限は、あくまで未開封の場合に限られます。

デッドストックになりがちな調味料や油は、収納スペースに合わせて買うのが、賢い買い方です。1本だけのスペースしかなければ、1本。よく使うので2本分を確保していれば、2本だけ買う。そしてその1本、2本を使い切ってから、新しいモノを購入すれば、これだけで丸まる1本、約200円分の無駄など出ません。

調味料は、使う量は少しであっても、味の決め手となります。だったら、品質の良い、少し値段が張るものを買うようにするだけで、大量買いもしづらくなります。

もちろん、使われない体脂肪も、ストックの調味料と同じく、身体に蓄積するだけ。「だけ買い」の要領で言えば、運動する日は食べて良いけれど、普段は控えめというイメージですね。

いきなりのダイエットはハードルが高そうですが、まずは、ストックの食材のダイエットから、始めてみませんか？

収納スペースに合わせて買えば、無駄は出ません

片栗粉や小麦粉は、卓上ボトルタイプに替えると約50円の倹約になります

片栗粉に、ボトルタイプがあることを、はじめて知りました。

しかも水に溶かす必要がなく、そのまま使える便利さに、正直、驚きました。

昔からあったのは縦型の袋タイプで、200g入りが、100円ほどで購入できます。

使った後は輪ゴムやクリップで留めて、でも使わないとそのまま放置される……というもので、今でもスーパーに並んでいます。


従来の片栗粉を半分くらい使って、最後まで使い切れなかったりすると、もったいないのですが、50円分ほど捨てることになります。


水溶き不要のボトルは便利だな……と思っていたら、今度は、小麦粉も出ました。

これも、卓上ボトルタイプで、塩胡椒みたいに、振って使います。

お肉に小麦粉をまぶす時も、とても便利で、開発した方に感謝です。

小麦粉の値段は1kgで200円程度。パンを焼く時に使いますが、それ以外ではほとんど使いません。今、キッチンへ見に行ったところ、4分の1ぐらい（50円分）余った状態

「食品ロス」が出にくい形状の商品を活用しましょう！

50円 お得！

で発見しました。しかも賞味期限が、3年前という、「食品ロス」を追うジャーナリストにあるまじき失態で、反省しきりです（無駄にせず、油汚れを吸着させ、掃除に使います……）。

使い切るのに最後まで苦労するのは、マヨネーズも同じですね。などと思っていたら、2018年11月に、キユーピーが「スルッとボトル」を発表しました。まだ、採用は一部の商品だけですが、容器の内側に油の薄い膜を作ることで、最後までスルッと出てくる工夫がなされています（さらにキユーピーは、製造方法や容器を替えることで、マヨネーズの賞味期限を、7か月から12か月へと延ばす努力もしているそうです）。

似たような形状の調味料、わさびでも最新の工夫があります。ハウス食品グループ本社の「特選本香り　生わさび」は、チューブ容器の口を、最後まで絞り出しやすい形に改良したようです。

いろいろな会社が、無駄に捨てる食べ物を減らす努力をしているのは、素晴らしいですよね。

油は、小型サイズで買うだけで約80円セーブできます

調味料と同じく、油も酸化すると、品質が悪くなります。

使う量に合わせ、できるだけ適したサイズを選ぶのが、賢い買い方です。

一緒に暮らす家族の人数が少ないとか、油を控える生活をしていれば、最初から小さめサイズで十分。**1リットルの大ボトルではなく、400mlの小型サイズがオススメです。**

試しに、通販サイトでサラダ油の価格を見てみました。

サラダ油は、1リットルで320円、400mlで240円でした。

これを100mlあたりで比べると、それぞれ32円と60円。100mlあたりで28円も違うので、400mlは、確かに割高です。でも、サラダ油って、揚げ物をこまめにしない限り、1リットルをちゃんと使い切れないことって、多くありませんか?

単身家庭や共働きの家庭では、そんなに減らないと思います……。片付けの手間も含め「家では揚げ物をしない」という人も増えていますし……。

油の賞味期限は、未開封で1〜2年。いったん開封すれば、1〜2か月に縮まってしまいます。

油も鮮度が命です

だったら、酸化させるより、少し割高でも400ml1本なら、80円安く済みます。

油と言えば、以前、食品メーカーに勤めていた時「モデルさん100人調査」という企画をやったことがあります。そこで知ったのは、モデルさんの多くが、口にする食品も、肌につける化粧品も「酸化した油はNG」と言う意識の高さでした。料理用の油が小型サイズなのはもちろん、「油を使った料理は、酸化しないうちにスグ食べる」と言う徹底ぶりでした。

ここであえて強調したいのは、「新鮮な油は、決して悪者ではない」ということです。

油は、女性ホルモンの材料にもなるので、新鮮なものを、適度にとりたいところです。

モデルさんを見ればわかる通り、髪やお肌のツヤは女性ホルモンのおかげで保たれます。もちろん生理のトラブルも防いでくれます。

美のプロフェッショナルであるモデルさんは、食生活はじめ、生活習慣が肌の美しさや体型のバランスをとることをきちんと認識し、実践しているのです。

80円 お得！

あまり使わない調味料は小袋タイプの方が50円ほどお得です

家庭で余って無駄にしやすい食べ物の筆頭は、野菜や果物。**野菜や果物と並んで、余ってしまいがちなのが、調味料です。**

何人かで住んでいる家ですら余りがちなのですから、一人暮らしだと、なおさら。1本買ってきても、頻繁に使わない限り、余ってしまうでしょう。

いつの間にか、冷蔵庫の中が調味料だらけとか……。

そんな時は、ちょっと割高だけど、1袋ずつ、サッシェ（小袋）のタイプを買った方が、無駄が出ません。ソースやマヨネーズ、ドレッシングなど、弁当用の調味料、とイメージすればわかりやすいでしょうか……。

使うごとに開封するので悪くならず、調味料1瓶を使い切れずに捨てているくらいなら、50円ほどお得です。

焼肉のタレも、案外、眠ってしまいがちですよね。1本500円以上するものもあるので、賞味期限が切れていると、ガッカリしてしまいます……。

ちょっと考えれば当たり前ですが、焼肉のタレは、モヤシやキャベツによく合います。

お弁当用の小袋の調味料が、家計の味方になります！

50円
お得！

モヤシ炒めや、豚肉を使った回鍋肉《ホイコーロー》などにも使い回せば、1本の半分（250円）を余らせてしまうことなく、ちゃんと使い切れるはずです。

廃棄されるストック調味料は、まだまだあります。

まずは、ナンプラー。タイ料理の定番調味料で、魚で作ったしょうゆです。ナンプラーは、味噌汁の隠し味に使うと、とてもコクが出ます。

お次は、冬の鍋料理で大活躍するポン酢です。冬以外の3シーズンは、野菜の浅漬けに使うと、すぐに1瓶が終わってしまいます。

もし、マヨネーズやケチャップ、ソースが余っていたら、カレーを煮込む隠し味に。しょうゆなら、デザートのバニラアイスに、ちらりと垂らすのもオススメです。ちょっとだけ、キャラメルアイスみたいになります。あるいはオリーブオイルを垂らすとか。味噌もいけるらしいですよ、怖くてやったことはないですが……。

規格外の魚を売るネット通販を使えば通常価格より100円ほど安く買えます

規格外の魚って、聞いたことがありますか?

たとえば、ヒラメ。通常、1kgほどのヒラメが市場に出ますが、7kgぐらいのが出てくると、料理人がさばきにくく、セリでも売れ残ってしまうそうです。

「規格」というと大きさが思い浮かびますが、魚の規格は大きさだけではありません。皮や姿形も「規格」です。運送中に、鱗がはがれてしまったり、カニの足が一本もげてしまったら、それは「規格外」となってしまいます。

ほかにも、ある地域では知られているものの、東京ではマイナーな魚も「規格外」扱いです。

そんな、「規格外」の魚を仕入れて出す居酒屋さんが、東京の丸の内にあります。有楽町の駅から徒歩圏内にあるビルの地下1階、「築地もったいないプロジェクト魚治《うおはる》」です。何が規格外で市場に出るかわからないので、メニューを決めるのは、その日のお昼過ぎ。お通しも、粒が揃っていないハマグリの酒蒸しなどが出てきます。

こうした「規格外」の魚を扱うお店は、東京だけでなく、関西などでも増えてきました。

安くて新鮮な魚も、ネットで買える時代です

でも、実は、お店に行かなくても、規格外の魚に出会うチャンスがあります。

たとえば、**大地を守る会のネット通販「もったいナイシリーズ」**。**規格よりも、ちょっと小さい、大きいものが、通常より100円以上お得に売られています。**

沖縄のオジサン、北海道のハッカクなど、珍しい魚に出会えるかもしれません。料理好き、美味しいもの好きには、たまらないですよね。

魚だけじゃなく、粒の大きさが違うイチゴや、台風でちょっとだけ傷がついたリンゴなどの規格外品も、ネットの「もったいナイシリーズ」で買うことができます。

規格は、人間の勝手な都合で決めたもの。

規格から外れても、美味しいものは、美味しいのです。

1ホールのクリスマスケーキより、カットされたケーキを人数分買えば、1000円ほど倹約できます

以前、私が勤めていた会社では、「クリスマスケーキ手当」がありました。

この手当、ケーキだけでなく、クリスマスツリーなど、クリスマス関連の用品だったら補助が出るというもので、他に聞いたことのない、ユニークなものでした。

1ホールのケーキは、クリスマスの贅沢な感じを味わえる、素敵な演出の一つです。

でも、クリスマスケーキ手当で、大きなケーキを1ホール買っても、味に飽きて余らせて捨ててしまったら、元も子もありません。

それなら、好きなケーキを1切れずつ買う方が、「食品ロス」もなく、理にかなっています。

ショッピングモールなどに入っているケーキ店だと、ホールのケーキは2000円ちょっと。

一方、切り分けられたケーキは、1個340円ほどでしょうか。これを家族3人分なら、1020円。つまり、1000円ほどの倹約ができますし、余ることもありません。

生クリームのケーキは、日持ちがしない食べ物です

それでも、「翌日、食べるから大丈夫！」。そんなふうに思っている人も多いのでは（笑）。

本来、ケーキなどの生菓子は、品質が劣化しやすいので早めに食べた方がよく、「消費期限」表示がされている食品です。実際、ケーキ屋さんで買ってくると、「本日中にお召し上がりください」というシールが箱に貼られているはずです。

翌日食べるのであれば、品質が劣化しにくく、保存の効くクリスマスケーキもあります。ドイツやイタリアなどのクリスマスケーキが、その代表です。ラム酒やブランデーに漬けたドライフルーツたっぷりの焼き菓子など、実際、賞味期限も長くなっています。

ドイツのクリスマスの定番菓子と言えば「シュトーレン」。日本でも売っていて、賞味期限は1か月程度です。イタリアでは、パネトーネやパンドーロで、こちらも賞味期限1か月〜6か月くらいです。たまには気分を変えてみるのも、オシャレですよね。

日本のクリスマスケーキは、生クリームやイチゴがたっぷりの生菓子が、確かに主流です。であれば、一人で、あるいは家族で食べられる分だけ、最低限を買う方がいいのです。

1000円

お得！

コスパ冷凍食品のうどんは放置しがちな乾麺よりも100円お得です

家庭で余っている食品って、どんな食品だと思いますか？

安売り品、お土産品、冠婚葬祭やお中元、お歳暮のいただきものは、家庭で余る食品の常連です。日本茶、紅茶、コーヒー、ジュース、ゼリー。さらに、缶詰やレトルト食品。ちょっと使いにくい調味料や油。そして、海外土産の加工食品や菓子など……。

意外に多いのは、**乾麺。そうめん、パスタ、うどん、そば、は「食品ロス」になりがち。**

では、乾麺のうどんやそばが「食品ロス」になる原因は、何でしょう？

その理由は、〝すぐ作れるけれど、ちょっとだけ面倒〟なのかと、私は思っています。

では、最近の定番品となった冷凍うどんのメリット、いくつもありますよね。

一つ目は、「美味しい」。もちもち感や、麺のコシがあり、乾麺では、こうはいきません。

二つ目は、時間がない時でも、すぐ作れる。「今日のお昼、何にしよう？」という時、ネギと油揚げさえあれば、キツネうどんができます。私も、休みの日のランチなどに迷った時は、冷凍うどんで作った、キツネうどんや、月見うどんが、よく登場します。

そして、三つ目が、「長期で保存できる」。乾麺の保存期間は、商品によっても違いますが、1年程度。冷凍うどんも、ほぼ1年と変わりませんが、何と言っても、冷凍うどんは、手軽です。

乾麺のうどんのゆで時間は12～13分くらいですが、冷凍うどんなら、わずか1分。

冷凍うどんは、〝すぐ作れて、面倒じゃない〟ので、〝ちょっとだけ面倒〟な乾麺うどんが、ついつい置き去りになるのだと思います。

なお、値段は確かに、乾麺のうどんが割安です。乾麺のうどんは、1袋300円程度で4～5人分入っています。一方、冷凍うどんは、1人前100円ほど。買い物だと、乾麺うどんに目がいってしまうのは、仕方ありません。

でも、数日後、**手軽だからと冷凍うどんまで買ってしまうと、結局、乾麺を2、3回使っただけで「食品ロス」にして、100円分損するかもしれません。**

何かと忙しい毎日では、「時短」と「使い切れるかどうか」を、きちんと天秤にかけて、賢く買い物をしたいですね。

乾麺は「食品ロス」になりがちな食品です

100円 お得！

上手に保存して使い切るワザ

コメやレトルトごはん、
味噌、しょうゆなどの調味料、
ネギやジャガイモなどの常備野菜。
多めに買って、いつでもストックしておく
食品たちも、「食品ロス」になりがちです。
買う時は、鮮度や産地、銘柄にこだわって
いても、保存が悪ければ無駄になるだけ。
だからこそ、ちょっとの手間が、
〝もったいない〟には有効です。
いつでも、美味しく食べたいストック食品こそ、
「食品ロス」から守りましょう！

冷蔵庫は、中のモノを7割におさめると保存上手になって、電気代が35％も安くなります

大きな冷蔵庫と小さな冷蔵庫、どちらが消費電力、高いと思いますか？

答えは、どちらも正解。大きさでは、変わりないそうです。

では、小さい冷蔵庫にパンパンにモノを詰めた方が、省スペースで良いかというと、それは間違いだそうです。

冷蔵庫の使い方は、容量の7割ぐらいにおさめるのが、正しいのだとか。

実は、大きな冷蔵庫に、適切な量を入れて使う方が、消費電力は低く済みます。

昔の冷蔵庫を大事に使う。

確かに、素晴らしい考え方です。

でも、今の冷蔵庫には、消費電力を少なくする工夫が、各社いろいろされています。

家電は定期的に買い替える方が、かえって、電気代は安くなるかもしれません。

冷蔵庫のメーカーの一つ、パナソニックの公式サイトで冷蔵庫の使い方を見ると、「食品の間にすき間を作って、冷気の流れをよくします」と書いてあります。

冷気の吹き出し口をふさぐと、冷蔵庫内が冷えにくくなり、さらに冷やそうとして電力を余分に使うそうです。

冷蔵庫に入れる食品の量を、標準の7割くらいと、標準量の倍ほどとで比較すると、倍入れた方が、なんと35%も消費電力が多いそうです。

あるいは思い切って、「買いに行くお店が、自分の家の冷蔵庫だ」とする考えもありかもしれません。

思い切って、食材ストックを大幅に減らして、その都度、お店で購入するのです。

なんでもかんでも冷蔵庫に詰め込めば、結局、日に日に、その食べ物は古くなっていきます。

ストックを思い切り減らして、新鮮なモノだけを買うようにすれば、最初から「食品ロス」が省けますよね。

新しく保つための冷蔵庫で、食べ物を詰め込んで、わざわざ古くするなんて、もったいない！

パンパンの冷蔵庫は、電気代と「食品ロス」の無駄を招きます

35%

お得！

焼き海苔は、密閉できるビニール袋に乾燥剤を入れて保存すれば100円お得です

焼き海苔は、パリッとした食感と、香りの良さが、美味しさにとって不可欠です。そのため、密閉できるビニール袋に乾燥剤を入れ、直射日光の当たらない場所で、高温高湿を避けて保存する人も多いはずです。

それでも、海苔を手で持ってみて、ちょっと湿った感じがする時は、ガスコンロで両面を炙《あぶ》ると、パリッと感が蘇り、香りもよくなります。

焼き海苔は、お中元やお歳暮などでいただくこともありますが、自分で買うと、意外と高価です。一般的な、B5サイズくらいの全形10枚（一帖）で、300円以上するのではないでしょうか。

半分以上使っていても、途中で湿気らせてしまえば、100円以上の損になります。

海苔は、ちゃんと保存して、使う前にちょっとガスコンロで両面を炙るだけで、美味しく食べられる優秀な保存食です。「食品ロス」させてしまうのは、あまりにもったいないですよね。

旅館の朝ごはんで出てくるような、小さなサイズの海苔を美味しくするには、弱火のフ

ライパンで乾煎《から》りすると、楽にできます。または、オーブントースターかレンジに、両面それぞれ、数秒～10秒ずつくらいかけても美味しくなります。

小さなサイズの海苔の保管で、見落としがちなのは乾燥剤です。海苔の缶に、古い乾燥剤を入れっぱなしにせず、私は、別の食品についていて不要になった乾燥剤と交換しています。

なお、安くて美味しい海苔を、賢く買うチャンスが、年に数回あります。

それが、百貨店の「お中元・お歳暮解体セール」です。百貨店によっては、「もったいないセール」などとも言いますが、売れ残った進物の高級品が、お買い得の値段になっています。

注意したいのは、「お中元・お歳暮解体セール」では、あくまで「日常使いする食品」の購入だけに留めましょう。バーゲン会場は、独特の熱気があり、ついつい買い過ぎてしまいがちです。

「海苔なら、海苔」と的を絞らないと、新たな「食品ロス」になりかねませんので。

湿気に注意すれば、海苔は美味しく、無駄なく食べられます

傷みやすい青菜も長ネギも、100円ショップの野菜保存袋に入れると、100円分セーブできます

青菜は、そのまま冷蔵庫に入れっぱなしにすると、葉っぱが黄色くなったり、ちょっと根っこのところが茶色く傷んできたりしてしまいます。

それを防ぐために、**文房具屋さんや100円ショップ、スーパーの野菜売り場などで販売されている「野菜保存袋」が便利です。**

実験で、チンゲンサイを、野菜保存袋に入れた場合と、入れない場合とで、比較してみました。

冷蔵庫の野菜室に、それぞれを入れて1か月。

野菜保存袋に入れなかったチンゲンサイは、シナシナにしなびて、もう使い物にはならない感じ。乾物になり損ねたというか……。

一方、野菜保存袋に入れたチンゲンサイは、なんと、1か月たっても、みずみずしさを保っていました。さすがに、葉っぱのうち、何枚かは茶色くしなびていましたが、一番大切な根っこは、触ってもみずみずしさを感じるくらい。

野菜を無駄にしない、保存袋が便利です

やはり青菜の鮮度を保つには、「水分キープ」がカギ、なのでしょうね。**家庭の食材で一番、無駄になるのが、青菜などの野菜。「野菜保存袋」はぜひ！　使ってみてください。**

青菜の次に悪くさせがちなのは、長ネギでしょうか……。

長ネギは、緑の部分から、味噌汁とか納豆の薬味で使います。

根に近い白い部分は、15㎝くらいに切って「野菜保存袋」に入れると、まずまず持ちます。

週末まとめ買いする時など、多めに買ったら、即、保存袋に入れるようにしましょう。

実は、売っている時の袋は、流通に適しているだけで、保存には向かない袋もあります。

買ったら、面倒でも入れ替えると日持ちするのです。

青菜で1把100円、長ネギは1本100円くらいですが、よく買う野菜なので、上手に使いたいですね。

ちなみに保存袋は、何度も繰り返し使えるので、すぐに元が取れますよ。

100円 お得！

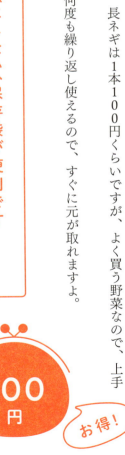

260円でまとめ買いする「レトルトごはん」をお得に活用する「ローリングストック法」

家事と仕事、両方を頑張り過ぎていませんか？

「ごはんは、いつもいつも炊かなくてＯＫ」

そんなふうに割り切って、便利なモノを使うのも大切だと、つくづく感じます。

たとえば、雨の日や、疲れた日は、レトルトのごはん＋カレーで、カレーライス。これも、わが家のルールとしてありにしちゃうとか……。

レトルトごはんは、非常時などの備蓄食品として買うことも多いですが、普段使いにもすることで、実は、ダブルで、家計にも役立てられます。

その家計に役立つ賢い方法が、「ローリングストック法」です。

「ローリングストック法」は、まとめて買っておく常備品を、使っては買い足し、また使っては買い足す、と繰り返す方法で、東日本大震災以降、注目されるようになりました。

このローリングストック法を応用して、レトルトごはんを、日常食でもある非常食として、ストックしつつ、ちょこちょこ回してゆくのです。

私も以前、レトルトのおかゆを、非常袋に入れっぱなしにして、うっかりダメにしてしまったことがあります。しかし、ローリングストック法なら、そんな無駄もなくなり、しかも頑張らない日の食事にも使えるので、まさにダブルで家計に役立ちます。

もちろん、レトルトごはんは、5個パック260円など、安売りを見つけてストックします。

これなら、賞味期限が3年とか5年など長期の、割高な防災食品をわざわざ買う必要もなくなり、非常袋でビックリ仰天の発見……という悲しい事故も防げます。

今どきのレトルトごはんには、ジャスミンライスもあるんですね。ちょっと贅沢なカレーと合わせれば、頑張らない日の食事とは思えないくらい、とてもいい香りがします。

コメの消費が減っている一方、レトルトごはんは、この20年ほどで、2・5倍に増えているとか。一人暮らしでも便利なので、賢く活用したいですね。

保存が効く食品や飲料を、さらに無駄なく使えます！

260円

お得！

シリアルを湿気させずに保存すると100円ほど倹約できて、しかもオシャレです

モデルさんは、シリアルをよく食べます。

一般の方に比べ、何と、4倍も高い頻度で食べています。

何を隠そう、私はシリアルの会社の広報を務めていたので、自分で調べた結果です。

シリアルの良さは、エネルギーを抑えながらビタミン・ミネラルをバランスよく摂れること。小麦ふすまのシリアルは腸内環境を整え、玄米のシリアルは肌の状態をよくするのに役立つので、まさにモデルさんにぴったりなのです。**賞味期限も、ドライフルーツが入ったシリアルで10か月、入っていなければ1年程度と長くもちます。**

ところで、皆さんはシリアルの保管、どうしていますか?

以前は、「袋を輪ゴムで留めて」でしたが、今は、ジッパー付きの袋で売られていることが多くなり、湿気《しけ》にくくなってきました。

でも、さらに湿気に強く、しかもオシャレな方法があります。

それを知ったのも、シリアルの会社の広報を務めている時でした。料理研究家の栗原は

るみさんが、シリアルをジャータイプのガラス容器に移し替え、キッチンに並べていたのです。

それを見て、もちろん、すぐに真似をしました（笑）。

それでも「シリアルは、味が単調……」と、途中で飽きて余らせる方が、たまにいます。

シリアルを飽きずに食べる方法は、味や食感の違う、2種類のシリアルを混ぜることです！

おすすめは玄米と小麦ふすまの2種類のシリアルを、それぞれジャータイプの容器に入れる保存です。そして、食べる時に、この2種類を混ぜて使います。

玄米と小麦ふすまのシリアルは、味も歯ごたえも違うので、食感を楽しめます。2種類ブレンドのシリアルに、きな粉や黒ゴマ、アズキの缶詰などをかけたりと、季節にも応じて、変化を持たせるのも楽しいですよ。

1袋300円で買ったシリアルを、3分の1余らせてしまうと、100円以上損をしますが、保存や食べ方の工夫しだいで、2袋があっという間に空になってしまいます。

無駄なくシリアルを食べるなら、2種類混ぜが有効です

100円 お得！

レタスは、芯にひと手間かけて冷蔵庫へ傷まず使えて90円の倹約になります

レタスを冷蔵庫に入れたら、いつの間にか茶色くなったり、葉っぱがシナっとなったり……。

レタスは、確かに傷みやすく、「食品ロス」させがちな野菜ですよね。

実は、レタスは、葉ではなく、芯の部分から先に傷んでくるって、知っていましたか？食品の保存に詳しい、徳江千代子先生が監修の『もっとおいしく、ながーく安心　食品の保存テク』（朝日新聞出版）では、レタスを長持ちさせるのに、芯に少しだけ手間をかける方法を紹介しています。

とは言っても、手間はかかりません。

芯の根元をちょこっと切って、新たな切り株に、小麦粉や片栗粉を塗っておくだけ。こうすることで、芯の成長が止まり、みずみずしさが保たれるそうです。

レタスなどの葉野菜は、芯（中心）から育ち、収穫されてからも活動しています。なので、小麦粉や片栗粉で、葉っぱに水分や栄養分を送る芯の活動を封じ込めてしまえば、日持ちがするのです（つまようじ数本を、芯に刺すという人もいます）。

そのうえで、レタスを新聞紙に包み、ポリ袋に入れて冷蔵庫の野菜室にしまえば完璧です。1週間か、それ以上は持つはずです。**レタス1玉198円とすれば、ダメにして半分捨てたら100円の損ですが、ちゃんと持たせれば90円、倹約できます。**

レタスに似た野菜と言えば、キャベツ。これまた新たな芯の成長を止めることが、長持ちさせるポイントです。徳江先生は、キャベツの芯をくりぬいて、その中に濡らしたティッシュなどを詰めて、同じく冷蔵庫の野菜室に入れることも提案しています。

レタスもキャベツも、使い切れる2/1や4/1カットは意外に便利です。キャベツの千切りを添えるなら、4/1を買って、包丁やスライサーで千切りに。時間がなければ、カット野菜コーナーで「千切りキャベツ」を買うのも手です。

生で食べることが多いレタスですが、たくさん手に入った時は、炒めるのもいいでしょう。

ニンニクとごま油で、シャキシャキ感が残る程度に炒めたレタスは、思いのほか、たくさん食べられます。

レタスもキャベツも、みずみずしさは、芯で決まります

90円 お得!

コメは、2リットルのペットボトルに入れ冷蔵庫で保管すると、100円以上の倹約になります

コメは「食品ロス」になりにくい。

あるコメの販売会社で伺ったことがあります。コメは、玄米で保管しておけるし、精米して日にちがたっても、もう一度精米し直せるからだそうです。

わが家では、コメは、2リットルのペットボトルに入れ、冷蔵庫で保管しています。

その原因は、虫でした……。

コメを作っている義理の両親が送ってくれるのですが、ある年のこと、常温でしばらく置いていたら、虫が発生してしまったのです（もちろん、捨てたりせず、陽のあたるところに新聞紙を敷いてコメを広げ、虫を逃してから、また保管し直しました……）。

この一件以来、**虫がつきやすい自家製のコメは、ペットボトルで冷蔵庫に保管しています。**

ペットボトルに移すのは、袋のまま冷蔵庫にしまうと、邪魔になるし、計量もしにくいから。

それに、じょうごを使えば、コメは手間なくペットボトルに移せます。しかも、計量も簡単！　保管や、出し入れも、とてもしやすくなりました。冷蔵で保存するので、コメの品質も保てて、一石二鳥です。

と思っていたら、先日、市販されているペットボトル入りの米を見つけました。何と言っても便利なので、販売されるのも当然ですね。

ところで、ごはんを無駄にしないと、どれくらい家計にプラスになるのでしょう？

昔の日本は、ごはんを中心にした食事でしたが、最近は変わってきましたね。コメの消費量は、年々落ちていますが、主食であることに変わりはありません。

農林水産省の推計では、一日に一人、ごはん茶碗一杯分の食べ物を捨てているそうです。一世帯だと、約300グラム＝炊いたごはん1合分の食べ物を捨てている計算です。

ごはん1合分は、約100円。

「食品ロス」をなくし、出された食べ物を最後まで残さずに食べきれば、ごはんに換算して、100円の倹約になるのです。

コメを美味しく、無駄なく食べるには、冷蔵庫保管！

100円 お得！

「さしすせそ」の五大調味料は「せそ」の冷蔵で100円がセーブできます

小学生の頃、母が購読していた主婦向け雑誌のふろくに付いていた「おばあちゃんの知恵」という冊子がお気に入りでした。

そこには、調味料の「さ・し・す・せ・そ」について、使い方が書かれていました。

調味料の「さ・し・す・せ・そ」、ご存じですか?

「さ」は、砂糖。「し」は、塩。「す」は、酢。

「せ」は、ちょっと難しいですが、しょうゆ（せうゆ）。

「そ」は、味噌です。

煮物などで味付けする時も、この順番で入れていくと味がしみると言われています。

先に塩を入れると、砂糖がしみにくく、さらに、食材が固くなると「おばあちゃんの知恵」にも書かれていました。小学生の頃でしたが、不思議に思って、実際に試してみた記憶があります。

味噌が、最後なのは、香りを保つためです（味噌汁の味噌も、煮立たせないですよね）。

これらの調味料は、常温で保存できるものと、開封後は冷蔵保存した方がいいものがあります。

常温でいいものは、砂糖、塩、酢の「さ・し・す」。

このうち、砂糖と塩は、賞味期限の表示を省略できる決まりなので、特に、期限は書いてありません。

開封したら、酸化を防ぐために冷蔵で保存したいのは、「せ」と「そ」。

つまり、しょうゆと味噌です。

特にしょうゆは、大容量をそのまま常温で置きっ放しにしておくと、酸化して真っ黒になってきます。香りもなくなり、台無しになった経験、ありますよね……。

ぜひ、「せ・そ」は冷蔵保存、と覚えておきましょう。

しょうゆも味噌も、安いものを買っても２００円以上します。開封後、冷蔵保存することで、最後まで使い切れます。

もし、今まで半分を処分した「食品ロス」の経験があれば、１００円はお得のはずです。

しょうゆと味噌は、冷蔵庫で保管しましょう！

100円

お得！

ジャガイモやタマネギ、カボチャは常温で保存した方が、約200円の倹約になります

ジャガイモとタマネギは、何にでも使える万能野菜ですね！

常備しておけば安心な野菜ですが、冷蔵庫の〝野菜室〟に、入れていませんか？

野菜なら、なんでも冷蔵庫の野菜室が適しているわけではありません。

実は、その野菜が育ったのと、同じくらいの環境で保存するのが一番とされています。

夏場でなければ、ジャガイモやタマネギ、カボチャなどは、常温で保存した方が長持ちします。サツマイモやサトイモ、ゴボウなども同様です。

ジャガイモ1袋、タマネギ1袋、カボチャ1個、どれもだいたい200円くらいでしょうか。

ちゃんと長持ちさせれば、ジャガイモ＋タマネギ2袋の半分、200円がお得です。

タマネギは、湿気を嫌うので、湿気のないところに。さらに、ネットやストッキングに入れて、吊るしておくと、「食品ロス」も減らせて、長持ちします。

タマネギは、平べったいものよりは丸っこいものを選ぶと、美味しくて長持ちするそう

です。表皮につやがあり、薄くてパリパリとはがれやすいものを選びます。

なお、同じタマネギであっても、春に出てくる新タマネギは水分が多く、傷みやすいです。なので、新タマネギだけは、早めに使いきります。

ジャガイモやサツマイモ、サトイモは、陽に当てないようにして保存します（なお、ジャガイモは、春先になると天然の毒素であるソラニンが増えてしまうので、注意が必要です）。

余談ですが、サトイモの皮をむく時は、アルミホイルをくしゃくしゃに丸めて、皮をこそげ落とすと、皮付近の「ぬめり」に含まれる水溶性の食物繊維などがちゃんと残ります。

私はどうしてもカボチャの調理が苦手です。包丁を入れると硬くて……。

電子レンジにかけると、柔らかくなって切りやすい、と聞いてからは、そうしています。

なお、美味しいカボチャは、ヘタが乾燥して、重いものが選ぶ際のポイントです。

と、ワケ知り顔で書きましたが、それでも面倒な時は……。スーパーでカットしてあるカボチャを使ったり、冷凍カボチャを使ったりしています……。


「何でも冷蔵庫」では「食品ロス」は減りません

200円

お得！

エダマメは、小袋ではなく枝付き1株で買うと、100円お得です

ビールに、エダマメ！

実は、この組み合わせ、栄養学的にも、理に適《かな》っています。

エダマメに含まれるビタミンB群は、アルコールを代謝させる役割があるからです。

最近のエダマメは、小袋に詰めて売られていますね。枝から取られていても新鮮であればいいですが、日がたつと、茶色くなっていたり、汁が出たりします。

エダマメは、袋入りの他にも、日持ちがする枝付きのままでも売られています。さらに、冷凍エダマメや、スーパーのお惣菜で並べられたりもします。

そこで、一般的に流通しているエダマメを、いろいろ買って比べることにしました。

美味しさ／枝付きの生、もしくは袋入りで新鮮なものに、やはり軍杯が上がります！

手軽さ／スーパーで、ゆでて売っているエダマメが、一番手軽です。 ただし、ちょっとゆで過ぎで柔らかく、噛みごたえが足りません（あくまで、私の好みですが……）。

食品ロスのなりにくさ／冷凍エダマメは、保存が効くので、他のエダマメと比べたら、確かに食品ロスになりません。しかも手軽です。 でも、残念なことに、味の面で、生のエ

ダマメやゆでているものには遠く及びませんでした。生のエダマメがない時に、何度か買ったのですが、結局、使い残しを冷凍庫に入れたままにした経験があります。

総合すると、ベストパフォーマンスは、枝付きのエダマメです！

地域やお店にもよりますが、袋入り（400円程度）に比べ、枝付きの方が100円お得な場合（300円程度）もあります。でも、コスト良し、味良しなので、わが家でエダマメを「食品ロス」することは、あり得ません（笑）。

と、独断と偏見のエダマメ選びでしたが、皆さんも、好みの味なのか、食べきれるサイズなのか、調理の手間はかけられるかなどで、エダマメを賢く選んでいただきたいものです。

ちなみに、個人的には……。枝付きのエダマメをチョキチョキ切って、ちょっと噛みごたえが残るくらいに固めにゆで、塩をかけただけが、一番好きです。「ああ、夏が来たなあ」と、しみじみ感じます。

枝付きエダマメが、味と日持ちで、ベストパフォーマンスです

100円 お得！

月5000円の
無駄カットを
さらに増やすテク

「食品ロス」減らしが、もっと楽しくなるワザ。

まだまだ、あります。

冷蔵庫や食品ストックの棚、キッチンに隠れている〝もったいない〟を、見つけましょう！

家のなかだけでなく、
あなたの街にも「食品ロス」を減らすワザはたくさん隠れています。

そこには、美味しく、無駄なく「食品ロス」を減らそうとする仲間がいます。

究極の無駄カットは、生ごみ！

もっと減らして、もっとお得に！

野菜や果物の50％オフ見切り品は、100円以上得する「熟ウマ食品」

お買い得な、野菜や果物の「50％オフ」の見切り品。

私たちの家計を彩る、強力な助っ人です。

100円以上お得にもなる50％オフの値段の魅力に勝てず、「見切り品だし、ちょっと買ってみよう……」と買いたくなりますよね。

見切り品棚によくあるバナナ、茶色くなったのは、さすがに敬遠されがちです。

ラップに包んで売られていたりしますが、実は、これこそお買い得なバナナです。

バナナのシフォンケーキを焼く時は、皮が黄色いままのバナナより、茶色くなった見切り品を選ぶのがおすすめです。皮が茶色の方が、十分に熟していて、香りがより強くなっており、シフォンケーキが美味しくできるのです。

トマトも同様です。熟して柔らかくなったトマトが、見切り品のワゴンにあれば、すかさず買います。モッツァレラチーズと一緒に「カプレーゼ」にできますし、カレーの具にもピッタリ。

夏のエダマメ、秋のブドウ、春先のナノハナなどなど、季節の野菜や果物を、上手に見つけて見切り品コーナーで買うのは、楽しいですよね。

この見切り品、スーパーの〝目利き力〟も試されると思うのです。

あまりにグダグダになってから見切りしても、ちょっと買いたくない……。

でも、見切りでもしっかりときれいな姿を保っているものもあります。

あるスーパーの店長さんに取材した時、「たぶん、見切りするのが遅いんじゃないでしょうか？　うちは、早めにやるから」という言葉が印象的でした。

そう、野菜を買うお店を選ぶポイントにもなりますね。

そんな素敵な、〝見切り品〟探し。

あなたの家の冷蔵庫や野菜のストック棚でも、すぐに実践できます。

ちょっとのアイデアで、茶色のバナナや、熟れ過ぎてきたトマトも、美味しく上手に食べられる。

冷蔵庫の扉を開けて、すぐに、始めてみませんか？


安さと「食品ロス」減らし。残り物には、福があります

100円
お得！

おにぎりは、梅干しを刻んで握った方が傷まず食べられて、50円セーブできます

ある料理研究家の方が、「夏場のおにぎりは、梅干しを丸ごと1個入れるより、刻んで、ごはん全体に混ぜた方が、傷まないで食べられる」と紹介されていました。

外で買うおにぎりは1個100円以上しますが、家で作れば、1個50円ほど。とはいえ、傷んで50円を捨てたら、もったいないですよね。

確かに、梅干しを一部に入れるより、ごはん全体に梅干しが触れた方が、時間がたっても傷みにくくなります。

また、梅干しを、ごはんを炊いた後ではなく、炊く時に入れるのも効果的です。日本一の梅の産地である和歌山県では、ごはんを炊く時に、コメ1合あたり梅干し1個を入れて炊く「炊き込みごはん」が知られているそうです。

さらに、梅干しを刻んでごはんに混ぜ込むだけでなく、炊いた後に寿司酢（お酢と砂糖）を入れて、酢飯でおにぎりを作るのも良い知恵です。酢に含まれる酢酸や、梅干しに含まれるクエン酸・リンゴ酸などの有機酸は、殺菌効果や除菌効果があり、食べ物が傷むのを

やわらげてくれます。お酢と梅干しのダブルの酸味で、食欲も増します（笑）。

お酢の効果は、強力です。

「エフシージー総合研究所」という調査機関の実験では、お酢には、炊いてから24時間たったごはんでも、菌を抑える効果が認められたそうです（それでも心配なら、素手ではなく、ラップで握るのもお勧めです）。

梅干しは、日本人の食生活と深くかかわってきました。

たとえば、梅干しを使った煮物。イワシやサバ、豚肉などに梅干しを加えて煮ることで、赤身の肉や魚に含まれる、鉄やカルシウムの吸収を促してくれます。梅には、魚や肉の特有の臭みを消す効果もあり、上手に使うことで、料理の幅を広げてくれます。

もちろん、科学的なデータだけでなく、味の面でもオススメです。

暑い夏でも、あのさっぱり感で、食欲をそそってくれます。

梅干しを、口にポンと入れたら……。

想像しただけで、わかりますよね！

安くて、安全なおにぎりを、さらにパワーアップ！

50円

お得！

冷蔵庫や冷凍庫は、開ける回数を減らすと、1年間で445円お得です

冷蔵庫や冷凍庫は、何度も開けたり閉めたりすると、それだけで電気代が余計にかかってしまいます。

電力比較サイト「エネチェンジ」によると、開け閉めの回数を少なくすると、1年間で445円もお得だそうです。

食べ物の詰め込み過ぎや、開閉回数、温度設定や、設置場所の見直し、電気料金プランの見直しや、古い冷蔵庫の買い替えなど、これらすべてを行うと、なんと年間で1万8577円もの節約になるようです。

具体的には、エネチェンジで次のように紹介しています。

1 設定温度を「強」から「中」にすると、年間1665円の節約。

2 冷蔵庫と壁との間に、ちゃんとすき間を開けることで、年間1217円の節約。

3 詰め込み過ぎを半分に減らすと、年間1182円節約。

4 開閉回数を減らして年間445円の節約。

5　電気料金プランを最適なものにして、年間1068円の節約。

6　10年前の冷蔵庫を最新のものに買い替え、年間1万3000円の節約。

全部やらなくても、どれか一つでもいいですよね。

開閉回数を減らすためには、冷蔵庫の中で、誰（どの食品）が、どこに居るか（置くか）の、「居場所」を決めるといいそうです。

たとえば、一番上の段は、出し入れしにくい場所だから、そんなに頻繁に取り出さないものを。

真ん中は、一番目につきやすいから、賞味期限の短めのものや、頻繁に使うもの。一番下の段は、重たい瓶類や、汁類などのこぼれやすいもの。

食べ物を「人」だと考えるとわかりやすいハズです。

その人が、一番喜ぶ場所に居させてあげたいですね！

冷蔵庫を制する人が、節約を制します！

ソースの取り残しがなくなり10円の得になるゴムベラは、台所の必需品です

台所といえば、ゴムベラ。

私が、最初にゴムベラを料理で使ったのは、5歳のころ。

日曜日の朝、母が作るカップケーキの手伝いで、ゴムベラをはじめて手にしました。ボウルに残ったカップケーキの生地を、1本のゴムベラできれいに集めることができて、「たくさんケーキを作れる！」と喜んだことを、今でも時折思い出します。

ゴムベラは、何でも集めます。〝チリも積もれば山〟、「食品ロス」をなくす万能ツールです。トロミのあるポタージュなどのスープやカレー、味噌、瓶入りジャムなど、鍋や容器から残さず取り切り、**一回は10円ほどかもしれませんが、一日に何度も、最後まで使うことができます。**

こうしてきれいに取り切れば、片付けでも、水や洗剤をたくさん使わず、環境にも優しくなります。もちろん、水道代や洗剤代も安くなり、〝一石三鳥〟の、台所の必需品と言えます。

ゴムベラは、用途に応じて選ぶのが基本です。食器洗い乾燥機があるなら、食洗機対応

と書いてあるものを。スープをかき混ぜる時など、熱をかけるのなら、耐熱性のものを選びましょう。

そんなゴムベラ選びの一番のポイントは、先端です。

硬めのものを好む人もいるでしょうし、容器に沿ってよくしなる柔軟性を持ったものを好む人もいるでしょう。お店で実際に触れて選べば、間違いはありません。

ちなみに私は、大小2サイズのゴムベラを使い分けています。

いろいろ使える大きなゴムベラは、先端部分が容器に沿ってよくしなる、根元がしっかりしたタイプを愛用しています。一方、小さなゴムベラは、ジャムの瓶や味噌のパックにも、先端が簡単に入るサイズを選んで使っています。

私が愛用する二つのゴムベラは、世界のシリコンの60%以上のシェアを誇る日本メーカー製で「スパチュラ」という名前で親しまれています。

なお、ゴムベラは、100円均一のお店にも売っています。

まず、使い勝手を知るなら、100均で選ぶのも一案ですね。

ゴムベラで〝もったいない〟を集めましょう！

10円 お得！

ごみを減らせば、有料のごみ袋代1枚100円が倹約できます

環境省のデータでは、ごみ処理の費用は、日本全体で年間2兆円近くなのだとか……。

多くの自治体では、ごみ袋の有料化を取り入れています。

ごみ袋代が高い市区町村だと、大容量で1枚100円もあるようです。

自治体は、ごみを減らせば、処理費用が減らせて、他の有用なことに使えるので、削減に必死です。ごみ袋を有料にするのは、家計には負担が増えますが、税金の使い方という大きな視点で考えれば、時代の要請でもあると思います。

そんな自治体の取り組みを応援すべく、環境省は、毎年の3月末くらいに、ごみ排出量の市区町村別のランキングを発表しています。

2018年度の家庭ごみ（生活系収集可燃ごみ）は、京都市がダントツで低く、「食品ロス」削減に積極的です。

その京都市では、もちろん、ごみ袋の有料化も実施しています。

京都の人たちが、ごみを出さない理由は、京都の方言「しまつする」にあるのだと思います。

「しまつする」の意味は、「使い切る」。

この考え方が徹底しているから、京都の家庭ごみは圧倒的に少ないのです。

京のおばんざい（家庭料理）を紹介してきた、料理研究家の故・大村しげさんも、徹底的に食材を使い切るレシピを長年紹介してきました。

京都は、まさに「しまつする都」なのです（ごみ半減を目指す市の条例も、「しまつのこころ条例」と呼ばれるほどです）。

さらに京都では、「3キリ運動」も長く続けられています。

3キリの「キリ」は、食べキリ・使いキリ・水キリです。

最初の二つ、食べキリ、使いキリは、無駄やごみを減らすのに、わかりやすい話です。

最後の「水キリ」は、生ごみ対策です。生ごみは、その80%が水分で占められています。

この水分を減らすだけでも、重さが減ります。重さが減ると何が良いのか、そのメリットは、次をお読みくださいませ（笑）。

ごみを捨てるにも、お金が掛かります

100円

お得！

自治体の助成で5万円引きも!? 家庭用の「生ごみ乾燥機」があればごみ出しも楽

生ごみの80％は水分。と、先ほど書いたお話の続きです。生ごみ、においが気になりますよね……夏は、特に。水分が多くて重いし、すぐたまるし、コバエが飛んでくる……と、生ごみは何かと悩みのタネですね。

そこで、購入したのが、家庭用の「生ごみ減量乾燥機」。香川県の島産業という会社が出している「パリパリキューブ」です。Ａ４ほどの小さな円筒型の容器で、キッチンに置けるコンパクトなサイズです。使い方も簡単。生ごみを入れ、スイッチを押すだけ。温風で、乾燥、除菌し、その後も雑菌が増えません。処理の音も静かで、空気清浄機並み（36dB）と、夜中でもうるさく感じません。

生ごみを乾燥機にかけると、葉野菜や薄い肉などは、パリパリになります。そこまでならないものでも、水分が抜けて軽くなります。

重さを量ると、平均で60％ほど減ります！　生ごみの80％を占める水分が減るので、

かさも減って、ごみ袋もすぐいっぱいにはなりません。さらに、夏場に発生する、生ごみ特有の嫌なにおいもしなくなるし、コバエも来なくなって、とても快適です。

わが家では、生ごみ乾燥機を使い始めてから、生ごみを含めた可燃ごみを出す回数が半分以下になりました。マンションの11階から1階まで運ぶので、大助かりです。

そんな便利な「生ごみ乾燥機」ですが、2万円以上するので、当初はあまり興味がありませんでした。ところが私の住んでいる自治体に、半額の助成制度があるのを知って、それなら……と半額の1万円ちょっとで買うことにしたのです（ネット通販で買えて、手続きもラクでしたよ）。

家庭用の「生ごみ乾燥機」を薦める自治体は、全国の約6割。おおよそ半額の助成が多いようです（埼玉県三郷市などは、2019年4月現在で、上限5万円だとか！）。

家庭用の生ごみ減量乾燥機を販売する企業で「助成金が出るとしたら、買いたいか」という調査をしたところ、40・8％の人が「購入したい」と答えたそうです。

生ごみ乾燥機は一家に1台……が、当たり前になる日も遠くなさそうですね。

重くて、やっかいな生ごみの8割は、水なのです

5万円
お得！

多摩や京都で、無料スーパーが登場 欲しいモノが、ゼロ円で買えます⁉

世界初の「無料スーパー」は、オーストラリアで始まりました。

このニュースが流れたのは、2017年。

通常のスーパーでは販売できない、バナナの色が変わったものなどを引き取って、無償でお客に提供するという〝スーパー〟が、初めて誕生したのです。

普段、食べ物の話題には飛びつかない人たちも、「無料」「スーパー」の文字に、「え？何？」と驚いたようで、ソーシャルメディアで話題になりました。

その報道を見て、日本初の「無料スーパー」を始めたのが、「フードバンク多摩」という組織を運営する、NPO法人シェア・マインド代表理事の松本靖子さん。

東京都多摩市の空き家を利用し、「無料スーパー」というコンセプトで、お店で廃棄されていたり、家庭で余っていたりする「食品ロス」の食べ物を集めて、配り始めました。

翌2018年からは、京都の龍谷《りゅうこく》大学の学生たちも「無料スーパー」の取り組みを定期的に始めています。

「無料スーパー」のように、十分に食べられるけれど、商品として流通できない食品を、

「食品ロス」減らしの究極の形は、無料で配る！

必要なところへ無償で提供する活動は、広く「フードバンク」という名称で知られてきました。日本の無料スーパー第1号を始めた松本さんも、フードバンクの取り組みをしています。

実は私も、以前勤めていた食品会社で、2008年からフードバンク活動に協力してきました。その食品会社では、広報担当として、私もフードバンクの会議に出たり、ボランティアに参加したりしてきました。東日本大震災を機に会社を辞めてからも、3年ほどフードバンクの広報を手伝ってきました。

余った食材を無駄にせず、必要な人に生かす。食費が浮いて助かる「無料スーパー」。日本でも、若い人の間で「シェア」することは当たり前になってきました。

日本ならではの「無料スーパー」が、少しずつ増えていくといいですね。

レンコンは、切り方を工夫するだけで満腹感が得られて、しかも45円倹約できます

東京・上野に「れんこん」というお店があります。

その名の通り、レンコン料理のお店です。メニューを開けばレンコンだらけ。何と、デザートまでレンコンというほど。

イチ押しは、レンコンのきんぴらです。

とても気に入ったので、家で作ったのですが、今ひとつ、歯ごたえが再現できません。

そこで、いろいろ調べて、横に輪切りにしていたレンコンを、縦に切ってみることに……。

するとどうでしょう！　上野の名店「れんこん」の噛みごたえが、再現できたのです。

しっかり噛むので、満腹感もバッチリ得られるようになります。通称「幸せホルモン」とも言われるセロトニンが増えることで、満足感が生まれるのです。

満足感が得られれば、軽くごはん1膳分（45円）のお代わりが不要になります。レンコンの大きさは同じなので、まるまる45円以上お得。しかも、太る心配もありません（笑）。

なお、レンコンの歯ごたえを、さらに高める方法があります。レンコンは、切ってから

酢水に浸けると粘りが抑えられ、シャキシャキした食感が増すのです。

噛む回数の理想は、一口30回と言われているので、自分なりの〝たくさん噛むサイズ〟を試してみてはいかがでしょう?

噛みごたえと言えば、レンコンだけではありません。ゴボウやセロリ、ニンジン、ダイコン、ゴーヤ、シメジやエリンギなどのキノコ、海藻類も、噛みごたえが十分な食材です。いずれも、レンコンと同じように、縦に切ることで、噛む回数をさらに増やせます。

加えて、「噛むこと」は、若さのキープにも関係します。噛めない、飲み込めない、発声できないなどの口の衰えは、身体全体の衰えに繋がるそうです。

口が衰えることを「オーラルフレイル」と呼ぶのだとか。オーラルは、口。フレイルは、虚弱。よく噛んで、歯磨きで口の中をケアすれば、口の衰えを防げるのです。

しかも、美や、若さや、体型を保てて、家計にも貢献できるのなら、今すぐ始められますね。

ごはんを軽く一膳で、45円。残したら、もったいない!

45円 お得!

高級店より100円ほどお得で美味しい、パン屋さんの見分け方

パン屋さんでアルバイトしている大学生に聞いてみると、ほとんどの学生さんが、パンを捨てる仕事をした経験があるそうです。しかも、ごみ袋一杯分のパンを捨てたそうです……。

以前、あるパン屋さんから相談を受けたことがあります。

そのお店では、閉店の間際でも、「お客さまに、たくさんの種類のパンを残しておくように」と大量のパンを作って売っていました。

当然なことに、売れ残りが出てしまい、結局、毎晩、大量にパンを捨てているそうです。

しかも、「ブランドイメージが下がるから、安売りはするな」という指示があって、見切り品販売もできないと聞きました。

でも考えたら、こういうパン屋は、捨てる分のコストを、あらかじめ価格に含めているんですよね。「捨てること前提」で売っているのですから、当然です。

広島の「捨てないパン屋」、ブーランジェリー・ドリアンは、そんな商売のあり方を見直したお店の一つです。

そのきっかけは、ヨーロッパへのパン修業だそうです。驚くことに、修業先のお店で

は、パンを1個も捨てていなかったのです（しかも、働く時間は半日だけです！）
帰国後、そのやり方に倣ってみると……。ブーランジェリー・ドリアンでは、2015年の年の秋から、パンを1個も捨てないで済んでいるそうです（しかも従業員の休みが増えたにもかかわらず、売り上げもキープしています）。

値段が高い＝高級なパン屋さんとは限りません。

味が良くて、しかも安くパンを提供してくれるパン屋さんはたくさんあります。
お店の閉店間際、タイムセールや100円引きの見切り品があるような、**売れ残りの無駄をなくす努力をしている良心的なお店は、あなたの家の近くにもあるはずです。**

私は、パンを買う時、「バゲット1本」などと、予約してから買いに行きます。
そうでないと、行きつけのパン屋さんは、閉店間際、棚が空っぽになってしまうのです。

安くて美味しいパン屋さんは、「食品ロス」も少ないのです！

100円 お得！

カフェ&ランチ&飲み会
「食品ロス」を減らして
お得に食事できるワザ

「食品ロス」減らしの最後は、外食です。
おいしく、残さず、飲み食いして、
しかも安く済ませる、
賢い知恵をたくさん集めました。
お店のサービスを上手に使うコツから、
余った料理のお持ち帰り方法、
お店選びや注文の仕方、
幹事さん必読の裏ワザまで。
家でも外でも、
〝もったいない〟が減らせて、
お得がたくさん貯まります！

「小盛り割引」があるお店を選べばランチだけで、20～50円もお得になります

今や、牛丼店にも「小盛りメニュー」ができる時代。

私たち女性にとって、味は好きだけれど、量が多くて余らせがちな牛丼が、普通サイズよりちょっぴり安いのは、とても嬉しいサービスです。

同じような話で、高齢女性が「お子様ランチを頼みたいのに……」と、ときどき聞きます。

子どもじゃなくても、食の細い人なら、誰でも頼めるようになっていたらいいですよね。

牛丼店だけでなく、ごはんを小盛りにすると、20円から50円引きのサービスがあるお店があります。

ファストフードの「てんや」なら50円引き。「大戸屋」で20円引き。「カレーハウスＣｏＣｏ壱番屋」は、１００ｇごはんを減らすと51円引きです（いずれも、２０１９年5月現在）。

小盛り割引がなくても、食の無駄をなくそうとするお店、増えてきましたよね。

この間も、東京の池袋でお寿司屋さんに入って、ちらし鮨を頼んだ時、お店の人から「ごはんの量はどうしますか？　小盛りにしますか？」と聞かれました。

他の方のちらし鮨をチラリとのぞくと、確かに食べきれそうになかったので、「はい、小盛りでお願いします」と言うだけで、気持ちが軽くなりました。

「まずいワケじゃなくて、食べきれないから……」と、少量を残して罪悪感にかられなくなるのは、お財布とは無関係ですが、心を助けてくれますね。

フィリピンの定食屋では、ごはんを「カラハティ（半分）」と頼めば、半額になります。人によって食べる量が違うので、量も価格も、もっと柔軟になればいいですね。

改善の余地があると思うのが、飛行機の機内食です。

国内線は、基本的に機内食がなく、別途購入するようになりましたが、国際線では、メニューは選べても、量はみんな同じくサーブされます。長時間、飛行機に揺られて食欲が落ちているので、あまり量を多く欲しくないな……といつも思います。

もう少し、柔軟になってほしいものですね。

ランチお店選びの、新しい基準です

20~50円

お得!

カフェでのマイボトルブームは去りましたが50円引きサービスは、終わっていません

東京・表参道の上島珈琲店は、ジャズが流れ、いろんなデザインの椅子が置かれている素敵なカフェです。自分が、その空間にいられることを、幸せに感じます。

この**上島珈琲店が全国で行っているのが、マイボトルを持参すると、ドリンクが50円安くなるサービスです。**「20円引き」などのサービスは他のチェーン店でも行っていますが、「50円」というのが太っ腹。私は、毎回、このサービスを使っています。

ところがある時、店内をぐるりと回ったのですが、マイボトルを持参している人は一人もいませんでした。以前、マイボトルがブームだった頃は、けっこう多かった印象がありますが……。

どこかにしまったままの、お気に入りだったマイボトル、もう一度使いませんか？　同じ味、同じ量なのに、安くて、しかもカップのごみが出ない……。コーヒー好きのプライドをくすぐるサービスを活用しない手はありません。

私のお気に入りは、Ｓｕｉｃａ（スイカ）ペンギンのボトルです。違った色とデザイン

のボトルを3種類、気分に合わせて持ち歩きます（お察しの通り、ＪＲ東日本のＳｕｉｃａポイントを貯めてもらったものです）。

コーヒー好きには「50円引き」は超〜貴重。３６５日、毎日50円節約できたら、1年間で1万８２５０円にもなるのですから。

お金持ちは、日常では節約し、これ！　という時に使う、と言いますね。お金の使いどころのメリハリが利いているのでしょう（私は、お金持ちではありませんが……）。

お得なサービスは、他のカフェでも用意しています。

スターバックスコーヒーやタリーズコーヒーでは、2杯目を頼むと、１５０円（消費税別）で飲めるサービスがあります（当日のみ有効だそうです）。細かいルールはお店で聞いた方が良いですが、紙のカップを無駄にしない小さな積み重ねは、私たちにもできること。

自宅や職場に近いカフェで、どんなサービスがあるか、ぜひ、活用してみましょう。

（各社のサービスは、２０１９年5月現在。いずれも、変更になる可能性があります）

「食品ロス」減だけでなく、「容器ロス」減も家計を助けます

50円

お得！

余ったピザは、「犬に食べさせる」と３４５円の得になるって、ホント？

イタリアには、大きな円形のピザを、8分の1に切り分けて売る店がたくさんあります。お値段は、日本円で３００円ほど、ランチなどによく食べられています。

日本のイタリアンレストランでは、ピザのテイクアウトができても、切り分けず、丸のまま売っているのではないでしょうか。ちょっと量が多い……と感じる時もあるので、イタリアのように8分の1ずつ売ってくれると、残さず、便利ですよね。

近所のレストランのマルゲリータピッツァは、１３８０円。これを4分の1残したまま帰ったら、３４５円損してしまいます……。

お店の人に頼んで持ち帰れば、その場では食べきれなかったとしても、３４５円を損しないで済みます。なので、もっと持ち帰りを頼めば良いのですが、「衛生上、持ち帰り禁止です……」と言われることが多々あります。

実は、そんな時の魔法の言葉があります。

お持ち帰り用の袋の語源ともなった、「うちの犬に食べさせるので……」です。

お持ち帰り用の袋は「ドギーバッグ」と呼ばれ、世界中、多くの国で通用します（フラ

ンスでは、シェフに敬意を表して「グルメバッグ」と名付けられています！）。

日本では、「食べ残しの持ち帰りは、自己責任」という通達を国が出しています。

持ち帰りの「ドギーバッグ」をお願いすること自体、禁止ではないのです。

「ドギーバッグ普及委員会」という団体では、「自己責任カード」を発行して、お持ち帰りを推奨しています。一度、ホームページをのぞいてみてはいかがでしょう。

２０１８年、イタリアへ取材に行った時に、驚かされた数字がありました。

イタリアでは、1年間に捨てられる食べ物の総量のうち、外食が占める割合は、何と7％しかないとか。日本は、イタリアほど外食が高額でないからか、安易に残すように思います。

日本の外食、特に、宴会や披露宴では、捨てる割合が2桁台のパーセントにもなると、農林水産省は公表しています。何とももったいない話ですよね。

余ったら、迷わず「ドギーバッグ」です！

345円

お得！

お持ち帰りを推進するレストランを選べば翌日、約１００円を浮かすことができます

カフェの、ドリンクメニュー。S、M、L、特大など、いろいろサイズが選べますよね。つけ麺屋でも、麺のグラム数で、値段が違ったり……。丼ものや蕎麦なども、並、大盛、特盛など、量によって、値段も違います。

サイズに応じた値段設定は、最近、レストランでも増えてきました。サイズに応じるので、レストランでも材料の無駄が省けて、事業系のごみも減るので、コスト削減ができます。

同時に私たちも、**サイズを下げれば値段が１００円ほど安く、しかも食べ残しの「食品ロス」を減らせます。**お店にとっても、私たちにとっても、まさに、いいこと尽くしです。

さらに、お持ち帰りＯＫのお店で余った食事を、翌日に上手に回せば、１００円以上浮くはずです。

たとえば、フランスパン4分の1なら75円、チキンソテー2分の1切れ３００円、デザートのチーズケーキ４００円といった具合です。

全国の自治体でも、こうした動きを応援する「食べ残しゼロ推進店舗」などの取り組み

をしています。ごみを減らしたい自治体にとって、お店の無駄は、税金の無駄に直結するからです。

認定された「食べ残しゼロ推進店舗」は、市や区の自治体のホームページなどを通じて、「食品ロス」に興味や関心のある人たちへ、積極的に紹介されています。

埼玉県所沢市の公式サイトでは「食品ロスゼロのまち協力店」の紹介をしています。「食品ロス」をなくす取り組みは、お店によってさまざまです。「辛さの調整可能」とか、「苦手な食材は入れない」とか「ごはんの量を選べる」「持ち帰り可能」などです。

国内で最も「食べ残しゼロ推進店舗」が進んでいる京都市では、登録店が900をすでに超えています。2番目は横浜市で、800店舗を超えているそうです。

自治体も一緒になって、「食品ロス」を減らしていけば、税金をさらに役立つことに使えるし、何より、家計もちょっぴりだけど助かるのです。

クックビズという会社が行った、全国222の飲食店への調査でも、約3割が「お持ち帰りOK」と答えています。あなたの街でも、そんなお店がきっと見つかるはずですよ。

あなたの街にも「お持ち帰りOKのお店」がきっとあります！

100円 お得！

飲み会では、料理を食べきってから次の注文をするだけで、1000円以上、倹約できます

会社員を辞めた今、私は、「食品ロス」に関係する活動に携わっています。

その仲間との飲み会では、「食べ残しちゃだめ」が、当然の基本ルールです。

そこで編み出された、居酒屋での賢い頼み方が、**「最初は料理を少なめに頼んで、出された料理を全部食べきってから、次の注文をする」**です。

この方法を編み出して以来、普通の居酒屋さんなら、一人2000円台で済みます。正確に比較してはいませんが、感覚的には1000円以上の倹約になっています。

そもそも、飲み会に人が集まるのは、何のためでしょう？

皆で集まって、おしゃべりしたいから……ですよね？

しゃべりながら、時間をかけて食べたら、案外、少量の食べ物で、お腹はいっぱいになります。

だからなのでしょうか……。飲み会の翌朝、私が体組成計に乗ると、なぜか体脂肪が減り、「体年齢」表示が若くなっています。個人的な理由かもしれませんが、体型キープに

も、食べ残しの「食品ロス」をなくすにも、〝おしゃべり〟は強力な味方になっています。しゃべりながら食べる……と言えば、日本在住のイタリア女性の友人と、「日本は、コース料理や、ビッフェが多過ぎる」という話をよくします。

イタリアでビッフェと言えば、一部の高級ホテルのもの。レストランのコース料理＝贅沢なもの、と考えられていて、実際、コースの金額も安くはなりません。普通のレストランでも、パスタ一皿が1100円～2000円近くします。ちょっと高いと、2500円なんてことも……。さらに飲み物を頼むと、夕食が一人3000円以上になってしまいます。

イタリアでは、ランチにレストランに行っても、たいていは一品だけ頼んでいます。自分が食べたいパスタやリゾットを頼んで、それを食べきる、というスタイルです。イタリアへ何度も行って、仲間とたっぷり時間をかけてランチをとる光景を、よく目にしました。

同じランチでも、わずか5分で、味わいもせずに流し込むように食べて仕事に戻る、日本のビジネスマンとは、だいぶ違いますね。

少なめに注文するだけで、無駄がなくなります

1000円 お得！

立食パーティをうまく仕切ることで参加費は、1500円以上も倹約できます

「パーティの食事は、無駄だらけ」という話、聞いたことありますか？

実際、パーティ会場でアルバイトをしていた学生に、「披露宴のウエディングケーキ、丸ごと捨てた」という話を聞いて、びっくりしたことがあります。

立食パーティを企画する時は、「食事は、参加人数の7掛けくらい」と、最初にお店に伝えましょう。会話がメインのパーティほど食事は二の次で、「食品ロス」になりがちだからです。

最初から食事量を減らしておけば、「食品ロス」も、そして会費も、抑えることが可能です。

パーティの値段は地域によっても違いますが、東京の都心なら、5000円以上でしょうか。

東京・自由が丘のある会場では、一番安いプランで5品2750円、3番目に安いプランで3400円(いずれも、2時間飲み放題付き)でした。「せっかくだから」と、一番高い5000円を選ぶのもありですが、「パーティの食事は無駄だらけ」を思い出してください。「食品ロス」も抑えられ、1500円以上の倹約が可能なプランがおすすめです。

無駄がないと言えば、ある国会議員のパーティに出席した際、早々に食事が全てなくなった……という経験があります。でも、そのくらいの量で、ちょうどいいのだと思います。

軽井沢のホテルブレストンコートは、さらにユニークな披露宴を実践しています。このホテルでは、披露宴の当日、お店のスタッフが、参列者に食事の好みや量を聞いて、それに合わせて食事を準備するのだそうです。老若男女、幅広い世代が参加するので準備も難しそうですが、今までの経験で、ある程度察しがつくのだとか……。

ブレストンコートでは、他にもさまざまな小さな心配りで、「食品ロス」を減らしています。たとえば、一つのテーブルに一人の担当者を置いて、お客さまの食べ具合に目を配るとか。ビュッフェでも、料理の減り方を見ながら、少しずつ補充するなどです。

結果、以前よりも食べ残しが13％減り、しかもお客さまの満足度も高くなったのだとか。さらに、残った野菜などは堆肥にし、野菜を育ててレストランで提供するなどの取り組みを続けているそうです。

「パーティは、無駄だらけ」です！

1500円 お得！

最初の30分と、最後の10分を有効活用するだけで宴会は５００円以上安く、良いものになります

京都市が、数年前、面白い「社会実験」をやりました。

いくつかの飲食店で、二つのパターンで宴会を設定し、結果を観察したのです。

一つは、幹事から「全部、食べきりましょうね」と声をかけるパターン。

そして、もう一つは、幹事が、何も言わないパターン。

この二つのパターンを、普通の居酒屋、食べ放題の居酒屋、中華レストラン、高級レストランの４種類の飲食店で行い、それぞれ「食品ロス」がどれくらいあるか調べたのです。

結果は、当然かもしれませんが、幹事が声をかけた方が少なかったそうです。

幹事がひと声「食べ残さないようにしましょう」と言うだけで、「食品ロス」が減るのです。これなら、今晩から自宅でもできそうですよね。

唯一違う結果となったのが、高級レストラン。「食品ロス」に、差がさほどなかったとか。おそらく皆さん「高級だから、食べないと、もったいない」と思ったのでしょう。

長野県松本市の市長さんは、「食品ロス」を減らす画期的な取り組みを始めた方です。

市長さんは、「宴会の最初の30分間は、席について料理を食べよう」という呼びかけをはじめました。

やがて、さらにバージョンアップして「最後の10分間も、席に戻って食べよう」も加わりました。**こうして生まれたのが、「3010《さんまるいちまる》運動」です。**

「3010」は、今や、環境省も率先して進める運動になりました。協力店も増えているので、読者の皆さんも、飲み会のテーブルで、三角のポップを見たかもしれません。

この「3010」について、イタリアに行った折、現地の「食品ロス」に関心の高い方に話したことがあります。「イタリアでも、3010が広がってくれたら……」と期待したのですが、彼らにはピンと来ないようでした。

そもそも、イタリアには、心ゆくまで家族や友人と食事を楽しむ食文化があります。しかも、一品好きなものを頼んでゆっくり味わう、スローフード発祥の地です。「3010」のような、時間厳守のキャンペーンは、理解できなかったのかもしれませんね。

「残さず食べましょう」を、口にしましょう！

もったいない！
捨てるお金も、食べ物も減らしましょう

この本が生まれるきっかけは、２０１１年3月11日の東日本大震災にさかのぼります。

この時、私は外資系の食品会社で広報室長を務めていました。

未曾有の大震災。3月中に22万８００食を手配し、4月にはトラックに自社製品を山と積み、被災者に栄養不足が起きていた避難所へ向かいました。

私は、そこで人生を変える衝撃を受けました。

それは、栄養不足の被災地にもかかわらず捨てられている「食品ロス」でした。

物資の数が、避難している人数に少し足りないから配れない……。同じ食品なのに、メーカーが違うので配れない……。なので、支援食料が山と積まれているのに、必要な人たちへ届かない。

そんな〝見えない壁〟に衝撃を受けたのです。

ノイローゼになるくらい悩んだ末、退職しました。現地へ行きたい一心でした。

外資系の食品会社では、「食品ロス」を必要な人へつなぐフードバンクへ食品を寄付していました。そのご縁もあって、退職後、フードバンクの広報責任者になりました。

日本の「食品ロス」量は、東京都民が一年間に食べる量と同じです。

世界の貧困国や紛争地に寄付される食料の2倍近くもの食料が捨てられているのが現状です。

その後、私は独立し、「食品ロス」を減らすために、国内外での講演や企業研修、本の監修や記事の執筆などに力を入れるようになりました。

そうして生まれたのが、2016年に出版された『賞味期限のウソ　食品ロスはなぜ生まれるのか』(幻冬舎新書)です。この本は、じわじわと読まれ続け、多くの方が「食品ロス」に関心を向けるきっかけになりました。

さらに、「Yahoo!ニュース」でも個人記事を執筆し続け、「食品ロス」を減らそうと考える、一般の方から食品業界、国まで、幅広く連携を深めるようになりました。

こうした活動や世論の高まりが実を結び、2019年には、「恵方巻の大量廃棄」に代表される「食品ロス」に対し、国会で「食品ロス削減推進法」が成立しました。

本書『「食品ロス」をなくしたら　1か月5000円の得！』の担当編集の大田原透さんは、震災を機に私が会社を辞めることを伝えたメールへ、次のような返信をくれていました。

「井出さんのような方が食品業界におられることは、とても心強いことでした。充電期間を経て、ますますパワーアップされた井出さんと、またお目にかかれることを切望してやみません」

そんなきっかけで、この本がマガジンハウスから出版されることになりました。

みなさんの家計が助かり、食べ物を粗末にしない、当たり前の社会になることを願っています。

井出留美

井出留美（いで・るみ）「食品ロス」問題ジャーナリスト

株式会社office 3.11代表取締役。博士（栄養学／女子栄養大学大学院）、修士（農学／東京大学大学院農学生命科学研究科）。ライオン㈱、青年海外協力隊を経て、日本ケロッグ広報室長などを歴任の後、独立。日本初のフードバンクの広報を委託されるなど、「食品ロス」の問題に取り組む。著書、『賞味期限のウソ 食品ロスはなぜ生まれるのか』（幻冬舎新書）。日本初の「食品ロス削減推進法」成立にも協力した。第二回食生活ジャーナリスト大賞食文化部門受賞、「Yahoo!ニュース」個人オーサーアワード2018受賞。

「食品ロス」をなくしたら 1か月5,000円の得！

2019年6月27日　第1刷発行

著　者　井出留美
発行者　鉄尾周一
発行所　株式会社マガジンハウス
〒104-8003 東京都中央区銀座3-13-10
書籍編集部　☎03-3545-7030
受注センター　☎049-275-1811

印刷・製本所　大日本印刷株式会社
イラストレーション　坂木浩子（ぽるか）
ブックデザイン　小口翔平＋喜來詩織（tobufune）

ISBN978-4-8387-3058-2 C0095